DES
ROUTES NATIONALES

THÈSE POUR LE DOCTORAT

PAR

Joseph POGGIOLI

LAURÉAT DE LA FACULTÉ
AVOCAT A LA COUR D'APPEL

PARIS

LIBRAIRIE NOUVELLE DE DROIT ET DE JURISPRUDENCE

ARTHUR ROUSSEAU, ÉDITEUR

14, RUE SOUFFLOT ET RUE TOULLIER, 13

1897

THÈSE

POUR LE DOCTORAT

DES
ROUTES NATIONALES

THÈSE POUR LE DOCTORAT

L'ACTE PUBLIC SUR LES MATIÈRES CI-APRÈS.
Sera soutenu le 24 février 1897, à 9 h. 1/2.

PAR

Joseph POGGIOLI

LAURÉAT DE LA FACULTÉ
AVOCAT A LA COUR D'APPEL

Président : M. DUCROCQ.
Suffragants : { MM. MICHEL (Henry), CHAVEGRIN, } *professeurs.*

PARIS

LIBRAIRIE NOUVELLE DE DROIT ET DE JURISPRUDENCE
Arthur ROUSSEAU, ÉDITEUR
14, RUE SOUFFLOT ET RUE TOULLIER, 13

1897

DES ROUTES NATIONALES

INTRODUCTION

.Le grand développement et le bon entretien des voies de communication de toute nature constitue sans contredit un des éléments essentiels de prospérité pour un État. Il est en effet permis d'affirmer que les progrès des sociétés se mesurent à l'extension de la voirie et à la perfection des moyens de transport, mais ce n'est pas en un jour qu'une œuvre aussi considérable se réalise et nombreuses sont les étapes qui marquent une évolution accomplie sous l'effort des siècles.

A l'origine, les peuples ne songent qu'à ouvrir des routes uniquement destinées à faciliter leurs opérations militaires et à assurer leurs conquêtes, car les collectivités de même que les individus sont soumises à cette inéluctable loi naturelle du *lupus lupo* dont notre struggle for life moderne n'est que la formule rajeunie et c'est ainsi que la guerre apparaît presque toujours comme l'instrument initial des civilisations.

Mais à mesure que se dégage la notion d'un pouvoir central, l'intérêt politique se dessine ; on assiste aux premières tentatives de centralisation et les voies de communication se développent encore. Puis, d'autres besoins sociaux se font jour ; l'agriculture et le commerce ne peuvent en effet avoir leur essor normal qu'à la condition de trouver les débouchés nécessaires ; ce jour-là, l'industrie des transports est née et en dépit des dénégations de quelques économistes, on peut dire qu'elle occupe une place prépondérante parmi les facteurs de la richesse publique.

Intérêt stratégique, intérêt politique, intérêt commercial et industriel, tel est l'ordre logique que suit toute société dans sa marche ascensionnelle vers la civilisation, et l'histoire même de notre voirie n'est que la démonstration de cette vérité.

On commence d'abord par créer ces grandes routes qui vont du centre aux frontières, de même que les grandes artères portent le sang du cœur vers les extrémités, puis sur ce premier réseau viennent se greffer les routes secondaires qui, se ramifiant de plus en plus, pénètrent jusqu'au dernier village. Les premières routes, véritablement dignes de ce nom, furent les routes royales aujourd'hui encore légitime sujet d'orgueil pour le pays. En 1811, on déclassa les routes impériales de 3ᵉ classe, mais ce fut là un expédient financier bien plus qu'une réforme administrative. En effet, l'État conservait la propriété du sol, seulement on mettait à la charge des départements une partie des dépenses. C'est la loi du 10 août 1871 qui a fait véritablement entrer ces chemins dans le domaine public départemental et qui a reconnu aux Conseils généraux les plus larges pouvoirs d'administration.

La loi de 1836 a créé, elle, de toutes pièces, la vicinalité. On est donc arrivé à l'heure actuelle à cette classification définitive qui correspond bien à la nature des services, la route nationale à l'État, la route départementale aux départements, le chemin vicinal ordinaire à la commune et on a ainsi exactement assigné sa part à chacune de nos trois unités administratives.

Nous n'avons à nous occuper dans cette étude que de la route nationale, la grande route ainsi qu'on l'appelait autrefois, la plus ancienne de nos voies publiques. Elle a eu un rôle glorieux sous l'ancien régime et nous espérons démontrer qu'aujourd'hui même, malgré la création des chemins de fer, elle a conservé son utilité. Au point de vue politique, la grande route a permis à la Royauté de se ménager de promptes communications avec ses agents dans les provinces, de vaincre les dernières résistances du particularisme local; elle a donc été un grand instrument de centralisation et elle a ainsi contribué à préparer l'unité territoriale que la révolution a réalisée en un jour « en faisant de la France un seul Corps et de tous les peuples une seule Nation » (Sieyès).

Au point de vue industriel et commercial, elle a assuré le service des postes, le roulage, seul moyen de communication que connût alors la science.

Au point de vue stratégique, elle a facilité la rapidité des mouvements de nos armées et a servi de la sorte notre gloire militaire. Nous nous proposons, dans le cours de cette étude, d'examiner ce qu'a été, ce qu'est actuellement, ce que peut être la route nationale, c'est-à-dire que nous verrons son passé, son présent, son avenir.

PREMIÈRE PARTIE

LE PASSÉ
ORIGINES LOINTAINES DES GRANDES ROUTES EN FRANCE.

CHAPITRE PREMIER

LES VOIES ROMAINES

Les premières voies qui existèrent en Gaule furent construites par les Romains. Peuple essentiellement militaire, ils ne s'inspirèrent que de l'intérêt stratégique, mais à ce point de vue spécial, leur œuvre témoigne d'une profonde sagacité. Les légionnaires romains, sous la direction des généraux improvisés ingénieurs, maniaient le pic et la pioche, et édifièrent ces belles voies dont on retrouve encore en France quelques vestiges. Cicéron rapporte le fait dans son *Oratio pro Marco Fonteio* (Bergier, *Histoire des chemins de l'Empire romain*).

Les soldats étaient ainsi astreints à de pénibles et rebutants labeurs et les maladies épidémiques désolèrent à plusieurs reprises le camp des vainqueurs.

C'est du reste une conséquence fatale des grands travaux publics que l'on entreprend avec l'aide d'une main-d'œuvre qui n'y est nullement préparée. Nous en avons fait hélas une récente et cruelle expérience à Madagascar, lorsque nous avons voulu construire des routes militaires à l'instar des Romains. Quoi qu'il en soit, et si chèrement que fussent payés les résultats obtenus, les routes ainsi créées jouèrent un rôle capital dans la conquête des Gaules. César ne dut en partie ses victoires qu'à la facilité de ses communications. Ayant à lutter contre des ennemis, disséminés sur un vaste territoire, il fut partout à la fois, lançant ses légions à travers les provinces révoltées (Commentaire de César *de Bello Gallico*, liv. II, § 11 : liv. III, § 11 ; liv. VIII, § 40, édition Gidel).

Agrippa, gendre de César, poursuivit l'œuvre entreprise en ouvrant quatre routes nouvelles prenant toutes naissance à Lyon pour aboutir la première au Rhin, la deuxième en Picardie, par la Bourgogne et la Champagne, la troisième en Aquitaine par les Monts d'Auvergne et la quatrième enfin à Marseille (Strabon, *Géographie*, liv. III ; Bergier, *Histoire des voies de l'Empire romain*).

Ces grandes voies appelées prétoriennes (car c'étaient les préteurs ou gouverneurs de provinces qui en avaient l'administration), étaient reliées entre elles par des chemins secondaires, des chemins vicinaux qui desservaient ainsi les communautés rurales. On peut déjà voir dans ces tracés, l'exécution d'un plan rationnel qui consiste à faire partir les routes d'un centre pour aboutir aux extrémités. C'est le principe même de tout gouvernement et toute centralisation et la monarchie dans ses tentatives d'unification n'a pas autrement procédé lorsqu'elle s'est attachée à doter la France d'un réseau de grandes routes. (L'arrêt de 1705 peut être considéré comme le véritable point de départ des routes royales.)

Mais ces routes romaines, construites à si grands frais, ne tardèrent pas à être abandonnées. Les nouveaux envahisseurs n'en comprirent pas l'utilité et dans la première période franque, c'est à peine si l'on trouve dans les auteurs, mention de quelques chemins connus sous le nom de chaussées de Brunehaut et qui en réalité n'étaient que des tronçons de voies romaines. Les rois mérovingiens ne s'occupèrent guère de pourvoir à l'entretien de ces chemins, pas plus du reste que d'assurer leur police ; pourtant Dagobert Ier essaya de réprimer les usurpations commises en rendant un édit aux termes duquel on punissait d'amende tout empiétement sur les chemins publics que l'on distinguait à cet effet en 3 catégories suivant leur importance, les *viæ publicæ* ou grandes routes, les *viæ convicinales* ou chemins vicinaux, les *semitæ* ou sentiers. Pour la première catégorie, l'amende était de 12 sols, pour la deuxième de 6 et pour la troisième de 3, mais ces mesures restèrent sans résultat car l'autorité royale n'était pas encore assez forte pour pouvoir exercer un contrôle efficace.

L'Empereur Charlemagne, dont l'esprit dominateur s'accommodait mal des tentatives d'indépendance, esquissa un essai de centralisation. Il envoya dans tout le royaume de fidèles lieutenants, les *missi dominici*; les chargea de faire exécuter ses ordres et d'imposer sa volonté. Mais pour que leur tâche fût possible, il était nécessaire de ménager les moyens de communication ; c'est ce que l'Empereur voulut réaliser et l'on peut relever dans les capitulaires du temps, quelques prescriptions de voirie, bien rudimentaires, il est vrai (Vignon, *Histoire des anciennes voies en France*). Cet effort de la monarchie naissante ne devait pas avoir de lendemain ; avec les successeurs de Charlemagne, le pouvoir central s'affaiblit de plus en plus.

Les seigneurs, sous la féodalité, cherchèrent à secouer le joug de la royauté et à s'isoler dans leurs fiefs. Loin de faciliter les moyens de communication, ils s'ingénièrent à multiplier les barrières et les quelques chemins qui existaient alors devinrent impraticables par suite de l'établissement de péages arbitraires, la création des droits de passage, travers, tonlieu et autres, éclos de l'imagination féconde de feudistes rapaces ; les routes enfin n'étaient plus sûres, beaucoup de seigneurs préférant à la rapine officielle le vol à main armée, tel ce Boucard de Montmorency qui fondait comme un oiseau de proie sur les voyageurs isolés.

Cependant l'esprit religieux apporta quelque tempérament à cette désolante anarchie. Il fallait, en effet, dans l'intérêt de la foi favoriser l'accès des lieux vénérés. Les associations de moines-ingénieurs connus sous le nom de frères pontifes se firent un devoir de construire des routes et des ponts. C'est du reste une particularité du Moyen Age que la plupart des grands architectes comptent dans les rangs du clergé régulier ; à ne citer que Bernard du Bec, Raoul de Villedieu, Robert de Thorigny, le frère Joconde, etc., etc.

Mais en dehors de quelques régions exceptionnellement favorisées, la viabilité n'existait pour ainsi dire pas, les communications étaient presque impossibles et malgré ses efforts, la monarchie ne fit pas œuvre utile. Philippe-Auguste confia à des commissaires généraux le soin de veiller dans les provinces à la conservation des chemins, mais cette institution fut éphémère et la charge ne tarda pas à être supprimée.

Les ordonnances de 1291, 1345, 1356, 1358, 1413 ne firent qu'aggraver la situation en multipliant le nombre des officiers chargés de la voirie. La guerre de cent ans, commencée en 1337, n'était point certes faite pour amener des progrès à cet état de choses et la France vécut pendant cette période dans les plus grands désordres.

CHAPITRE II

Louis XI fut le premier roi de France qui s'aperçut que le meilleur moyen d'affermir l'autorité royale était d'entretenir de rapides et sûres relations avec les gouverneurs de provinces.

Par un édit du 19 juin 1464, il créa la poste royale, tentative hardie, attendu que les chemins n'existaient presque pas, étant tous pour la plupart en sol naturel.

Il est assez singulier de voir la locomotion devancer la création des routes, alors que celles-ci ont pour but de l'assurer, mais, cette institution ne fut pas sans influence sur le développement ultérieur de la viabilité, car, les grandes routes furent en quelque sorte construites d'une façon expérimentale, leur tracé empruntant presque toujours les trajets suivis à travers champs par les premiers courriers de la poste.

La poste, instituée par l'édit de 1464, était un service exclusivement réservé pour les besoins du roi, les particuliers n'avaient pas le droit de s'en servir, ils n'avaient à leur disposition que quelques commissionnaires privés appelés messagers de l'Université et dont le rôle consistait à assurer les relations des étudiants avec leurs familles.

L'édit d'institution comprend 28 articles : l'article premier spécifie que les postes sont uniquement créées pour le service du Roi et de son Gouvernement « Ledit Seigneur et roi, ayant mis en délibération avec les seigneurs de son Conseil qu'il est moult nécessaire et bien important à ses affaires de scavoir diligemment nouvelles de tous costez et y faire quand bon luy semblera scavoir des siennes, d'instituer et d'establir en toutes villes, bourgs et lieux que besoin sera jugé, un nombre de chevaux courants de traittes en traittes, par le moyen desquels ses commandements puissent être promptement exécutés et qu'il puisse avoir nouvelles de ses voisins quant il voudra. » Défense est faite aux particuliers d'entraver la poste, à peine de la vie.

L'édit crée des maîtres coureurs de poste établis de traittes en traittes, de quatre en quatre lieues sur les grands chemins, lesquels ont pour mission d'entretenir des chevaux propres à faire le galop.

L'organisation postale comprenait deux réseaux : un premier réseau de relais, traversant les villes les plus importantes et un réseau secondaire partant de certains points du grand réseau pour desservir des localités moins considérables (Belloc, *Histoire des postes*). On reconnaît généralement que cette intelligente organisation a été le point de départ de notre poste actuelle.

Mais Louis XI n'avait vu dans cette institution qu'un

instrument politique et la poste n'a pas contribué à cette époque, comme elle aurait pu le faire, à amener des progrès sensibles dans les mœurs et la civilisation. C'est à partir d'Henri II, édits de 1575 et 1576, que sont créés des services de postes et de messageries pour le transport des personnes et des marchandises. Sous Henri IV, l'édit du 8 mars 1597 prescrit l'établissement de relais de chevaux de louage, de traittes en traittes, sur les grands chemins et traverses, pour servir aux voyageurs et par l'édit de 1602, en réunissant les relais aux postes, on organisa la poste aux chevaux. Enfin l'édit de Richelieu de l'année 1627 mit complètement la poste à la disposition du public ; à partir de cette époque, elle prit un grand développement.

Tableau des principaux grands chemins ou chemins royaux au XVIᵉ siècle, d'après le Guide des chemins de France de 1552, qui n'est autre chose que le premier itinéraire du royaume imprimé et publié par Charles Estienne et le premier connu des guides du voyageur.

Leur longueur totale était d'environ 25.000 kilomètres et la plus grande partie de leur parcours s'opérait *simplement* en terrain naturel.

Les chemins d'ordre inférieur ou de circulation locale étaient tels que les a encore vus le commencement du XIXᵉ siècle, c'est-à-dire de simples voies tracées et maintenues par la circulation seule, sans main-d'œuvre, sur le sol naturel. Les grands chemins ou chemins royaux ne se distinguaient des premiers que par une plus grande largeur.

Paris à Mons par Senlis, Compiègne, Péronne, Cambrai ;

Paris à Rouen par Neuilly, Pontoise et le cours de la Seine ;

Paris à Cherbourg par Dreux, Caen, Bayeux, Valognes ;

Paris à Nantes par Orléans et la vallée de la Loire ;

Paris à Angers par Chartres, la Flèche, le Mans ;

Paris à Lyon par Essonne, Montargis, Briare, Nevers, Moulins, Roanne, Tarare ;

Paris à Lyon par Provins, Nogent-sur-Seine, Troyes, Châtillon, Dijon, Beaune, Mâcon ;

Lyon à Marseille par Valence, Avignon, Cavaillon ;

Tours à la Rochelle par Chinon, Thouars, Bressuire, Luçon ;

Orléans à Fontarabie par Amboise, Châtellerault, Poitiers, Saintes, Bordeaux, Bayonne ;

Nantes à Brest, par Redon, Pontivy, Landerneau ;

Orléans à Toulouse, par Vierzon, Issoudun, Aubusson, Villefranche, Gaillac, etc... etc...

Autre tableau des principaux grands chemins au temps de Richelieu et au commencement du XVIIe siècle, d'après la carte des Postes de 1632, la première en date dressée par Sanson d'Abbeville. Cette carte porte en titre « Carte géographique des postes qui traversent la France, par Tavernier, imprimeur du roi ».

Paris à Bruxelles, par Senlis, Péronne, Cambray, Valenciennes ;

Paris à Calais par Clermont, Amiens, Abbeville, Boulogne ;

Paris au Havre par Pontoise, Rouen ;

Paris à Nantes, par Orléans, Blois, Tours, Saumur, Angers ;

Paris à Lyon, par Essonne, Montargis, Nevers, Moulins, Roanne, Tarare ;

Paris à Lyon par Fontainebleau, Sens, Auxerre, Dijon, Mâcon ;

Paris à Bâle par Meaux, Châlons, Toul, Nancy, St-Dié ;

Lyon à Nice par Avignon, Aix, Fréjus, Antibes ;

Lyon à Turin par Chambéry, St-Jean de Maurienne, Suze ;

Lyon à Genève par Nantua ;

Blois à St-Jean de Luz par Châtellerault, Poitiers, Barbezieux, Bordeaux, Bayonne ;

Limoges à Toulouse par Brives, Cahors, Montauban ;

Orléans à Clermont, par Bourges, Moulins, Gannat, Riom ;

Orléans à Bordeaux par Châteauroux, Limoges, Libourne ;

Bordeaux à Narbonne par Agen, Toulouse, Carcassonne ; etc...

Mais l'entretien des routes n'était pas en rapport avec

le service des postes, l'hiver, elles devenaient impraticables et les communications sinon impossibles, du moins fort lentes. On cite pourtant quelques exemples d'une célérité extraordinaire, un courrier put aller en trois jours de Paris à Madrid, mais ce trait, s'il témoigne d'une énergie admirable de celui qui en est capable, ne prouve nullement que les chemins fussent en état de viabilité ; la monarchie procédait en effet par voie de tâtonnement, elle créait des charges de voyers, puis les supprimait, il régnait à cet égard la plus fâcheuse confusion.

Henri II avait confié aux trésoriers généraux le soin de veiller à la conservation et à l'entretien des chemins publics, mais ils s'acquittaient fort mal de cette mission et la multiplicité même de leurs attributions était une cause permanente de désordres, il faut arriver au règne de Henri IV, pour assister à une heureuse réforme, Sully eut la gloire d'y attacher son nom.

L'édit de décembre 1598 ramena le nombre des charges à deux par généralité, l'édit de mai 1699, instituant la charge de grand voyer de France, confiée à Sully, pourvut la voirie de la direction supérieure qui lui manquait. Le 13 août de la même année, une commission du Lieutenant civil enjoignait à Guillaume Hubert, voyer à Paris, de visiter les chemins, ponts et chaussées, dans l'étendue de la prévôté, de les faire réparer et d'y contraindre les seigneurs hauts justiciers qui en avaient nominalement la charge. Sully ne tarda pas à se mettre à l'œuvre, et en 1601, il présenta au Roi un projet d'état général de la grande voirie, ponts, pavés, chaussées et réparations de France, tant royales que provinciales, mais pour que les soins apportés à la surveillance de la viabilité fussent efficaces, le grand voyer comprit qu'il devait détenir en ses mains, l'office de voyer de Paris, un acte du 24 mai 1603 le lui attribua et la déclaration du 7 juin 1604 confirma la réunion des deux offices en plaçant expressément, sous la surintendance du grand voyer, tous les voyers ordinaires, et en lui donnant pouvoir d'en établir partout où besoin serait.

Enfin, le 13 janvier 1605, fut rendu le règlement général qui fixait les attributions du grand voyer de France et de ses lieutenants. D'après ce règlement, le grand voyer était tenu de s'informer de tous les deniers, levés pour les travaux publics en vertu des commissions du roi et de visiter les ouvrages faits ou en cours dans chaque généralité.

La durée de l'exécution des ouvrages était fixée ainsi que la caution à fournir par les entrepreneurs. L'adjudication avait lieu au rabais.

On trouve ainsi, dans cet acte de 1605, le principe fondamental en matière de marchés de travaux publics ; principe actuellement encore en honneur dans notre droit administratif : ... L'adjudication publique.

Si puissante que fût l'autorité du grand voyer, elle ne comprenait pas jusqu'alors la juridiction contentieuse nécessaire à la conservation du domaine public, il faut en effet que l'Administration qui a mission de veiller sur le bien de tous, soit armée pour réprimer les abus ou les empiétements commis par quelques-uns. Par un édit de 1607, le roi attribua une partie de sa juridiction au grand voyer et à ses aides : seules certaines provinces qui avaient des privilèges particuliers, notamment le Dauphiné, restaient indépendantes de l'administration centrale. Nous empruntons ici au cours de M. Ducrocq la reproduction des dispositions principales de l'édit de 1607 « qui a une importance capitale car, confirmé par la loi des 19-22 juillet 1791, il fait toujours loi dans les matières qui n'ont pas été ultérieurement modifiées par un texte exprès ».

Henry etc... ayant reconnu... — Art. 3. — Voulons aussi et nous plait que, lorsque les rues et chemins seront encombrez ou incommodez, nostredict grand voyer ou ses commis enjoignent aux particuliers de faire oster lesdits empeschemens, et sur l'opposition ou différens qui en pourroient résulter, faire condamner lesdits particuliers qui n'auront obey à ses ordonnances, trois jours après la signification qui leur en sera faite, jusqu'à la somme de dix livres et au-dessous pour lesdites entreprises par eux faites, et pour cet effet, les faire assigner à sa requeste, par devant ledit prévost de Paris, auquel nous donnons aussi tout pouvoir et jurisdiction. — 4. — Deffendons à nostredict grand voyer ou ses commis, de permettre qu'il soit fait aucunes saillies, avances et pans de bois ou bâtiments neufs, et même à ceux où il y en a présent, de contraindre les réédifier, ni faire ouvrages qui les puissent conforter, conserver ou soutenir, n'y faire aucun encorbellement en avance pour porter aucun mur, pans de bois ou autre chose en saillie, et porter à faux sur lesdites rues, ainsi faire le tout continuer à plomb depuis le rez-de-chaussée tout contremont, et pourvoir à ce que les rues s'embellissent et s'élargissent au mieux que faire se pourra, et en baillant par luy les allignemens, redressera les murs où il y aura ply ou coude, et de tout sera tenu de donner par écrit son procès-verbal de luy signer ou de son greffier, portant l'alignement desdits

édifices de deux toises en deux toises, à ce qu'il n'y soit contrevenu :
pour lesquels allignemens nous lui avons ordonné soixante sols pa-
risis par maison, payables par les particuliers qui feront faire lesdits
édifications sur ladite voirie, encore qu'il y eût plusieurs allignemens
en icelle, n'estant compté que pour un seul. — 5. — Comme aussi
nous deffendons à tous nosdits sujets de ladite ville, fauxbourgs,
prevostés et vicomté de Paris, et autres villes de ce royaume, faire
aucun édifice, pans de mur, jambes estriers, encoignure, caves ny
caval, forme ronde en saillie, sièges, barrières, contrefenestre, huis
de cave, bornes, pas, marches, sièges montoirs à cheval, auvens,
enseignes, establies, cages de menuiserie, chassis à verre et autres
avances sur ladite voyrie, sans le congé et allignement de nostre
dict grand voyer ou des dits commis. Pour quoi faire nous lui
avons attribué et attribuons la somme de soixante sols tournois, et
après la perfection d'iceux, seront tenus lesdits particuliers d'en
avertir ledit grand voyer ou son commis, afin qu'il récolle lesdits
allignemens et reconnaisse si lesdits ouvriers auront travaillé suivant
iceux, sans toutefois payer aucune chose pour ledit récollement et
confrontation, et où il se trouveroit qu'ils auroient contrevenu aus-
dits allignemens, seront lesdits particuliers assignez pardevant le
prevost de Paris ou son lieutenant pour voir ordonner que la besogne mal plantée sera abattue, et condamnez à telle amende que de
raison, applicable comme dessus. — 6. — Deffendons au commis de
nostredict grand voyer de prendre aucuns droits pour mettre les
treillis aux fenestres sur rues, pourvu qu'ils n'excèdent les corps des
murs qui seront tirez à plomb, et pour ceux qui sortiront hors des
murs, paieront la somme de trente sols tournois. — 7. — Faisons
aussi défenses à toutes personnes de faire et creuser aucunes caves
sous les rues, et pour le regard de ceux qui voudront faire degrez
pour monter à leur maison, par le moyen desquels les rues estre-
cissent, faire sièges es dites rues, estail ou auvens, clore ou fermer
aucunes rues, faire planter bornes au coin d'icelles, es entrées de
maisons poser enseignes nouvelles ou faire le tout réparer, prennent
congé du dit grand voyer ou commis. Pour lesquelles choses faites
de neuf, et pour la permission première, nous lui avons attribué et
attribuons la somme de 30 sols tournois pour la visitation d'icelles
et pour celles qu'il conviendra seulement réparer et refaire la somme
de quinze sols tournois ; et ou aucuns voudroient faire telles entreprises sans lesdites permissions, les pourra faire condamner en la
dite amende de 10 livres, payable comme dessus ou plus grande
somme si le cas y échet, et faire abattre lesdites entreprises ; le

tout au cas que lesdites entreprises incommodent le public, et pour cet effet, sera tenu le commis dudit grand voyer se transporter sur les lieux auparavant que donner la permission ou congé de faire lesdites entreprises. — 8. — Pareillement, avons deffendu et deffendons à tous nosdits sujets de jeter dans les rues eaus ny ordures par les fenestres, de jour ny de nuit, faire preaux ny aucun jardin en saillie, aux hautes fenestres, ny pareillement tenir fiens, terreaux, bois ny autres choses dans les rues et voyes publiques, plus de vingt-quatre heures ent ecore sans incommoder les pas sans ; autrement lui avons permis et permettons de les faire condamner en l'amende comme dessus, auquel voyer ou commis nous enjoignons se transporter par toutes les rues mesmes par les maistresses, de quinze jours en quinze jours, afin de commander qu'elles soient délivrées et nettoyées et que les passants ne puissent recevoir aucunes incommodités. — 9. — Deffendons aussi à toutes personnes de faire des eviez plus hauts que rez-de-chaussée, s'ils ne sont couverts jusqu'au dit rez-de-chaussée, et mesme sans la permission de nostre dit grand voyer, ses lieutenants ou commis, par laquelle permission luy sera payés trente sols indistinctement, tant pour ceux qui sont au rez-de-chaussée que pour ceux qui ne se trouveront au dit rez-de-chaussée. — 10. — Ordonnons à nostredict grand voyer ou commis de faire crier aux quatre fêtes annuelles de l'an, de par nous et de par luy, à ce que les rues soient nettoyées, et outre, qu'il ait à ordonner aux chartiers conduisant terreaux et gravois et autres immondices de les porter aux champs aux lieux destinés aux voyries ordinaires et au défaut de luy obéir, saisira les chevaux et harnois des contrevenans pour en faire son rapport, sans qu'il puisse donner mainlevée qu'il n'en soit ordonné. — 11. — Enjoindra aux sculpteurs, charrons, marchands de bois et tous autres, de retirer et mettre à couvert, soit dans leurs maisons ou ailleurs, ce qu'ils tiennent d'ordinaire dans les rues, comme pierres, coches, charrettées, charriots, troncs, pièces de bois et autres choses qui peuvent empescher ou incommoder ledit libre passage des dites rues, comme aussi aux teinturiers, foullons, fripiers et tous autres, de ne mettre seicher sur perches de bois, soit ses fenestres de leurs greniers ou autrement, sur rues et voyes, aucuns draps, toiles et autres choses qui peuvent incommoder ou offusquer la veue desdites rues, sur les peines que dessus ; et sur les contraventions qui se feront, les dites deffenses estant faites par ledit sieur grand voyer ou ses commis, seront les contrevenans condamnez en l'amende comme dessus. — 12. — Voulons et nous plait que ledit grand voyer et ses commis ayent l'oeil et connaissance du pavement desdites rues, voyes, quais et chemins, et où il se trouvera quelques pavés cassés, rompus ou enlevez, qu'ils les fassent refaire et rétablir promptement, mesmes faire l'ouverture des maisons des refusans d'icelles aux dépens des détempteurs, des dites maisons, injonctions préalablement faites aux détempteurs et prendra garde que le pavé de neuf soit bien fait et qu'il ne se trouve plus haut élevé que celui de son voisin. — 13. — Deffendons au commis de nostredit grand voyer de donner aucune permission de faire des marches dans les rues, mais seulement continuer les anciennes es lieux où elles n'empêchent le passage. — 14. — Ne pourra aussi nostredit voyer ou commis, donner permissions d'auvent plus bas que de 10 pieds, à prendre du rez-de chaussée en amont, et pour ceux qu'il donnera, ensemble pour les enseignes, lui appartiendra pour les permissions nouvelles, trente sols tournois et pour le changement des enseignes, réfection et changement d'auvent, n'en prendra que quinze sols tournois.

Mais le vice fondamental de tout le système de voirie était la multiplicité des péages. En 1605, la royauté avait bien essayé de mettre un terme aux abus en prescrivant aux trésoriers généraux de dresser dans chaque Généralité, un état des péages perçus et de faire produire les titres en vertu desquels des seigneurs et des particuliers s'arrogeaient le droit de percevoir des taxes. Les péagiers, s'ils savaient faire respecter leurs droits étaient moins préoccupés de s'acquitter de leurs obligations et en 1609, Henri IV faisant un voyage en Picardie se plaignait non sans quelque amertume de l'incurie et de la négligence des concessionnaires.

Quoi qu'il en soit et si imparfait que fût encore l'état des choses, il faut néanmoins reconnaître que le règne d'Henri IV marque une étape considérable dans l'histoire de nos voies publiques.

Sous le règne de Louis XIII, les progrès des services de

voirie se trouvèrent interrompus, et à cet égard, Richelieu ne donna pas la mesure de son génie ; homme
d'État, surtout préoccupé de la grandeur politique de la
France et moins soucieux des intérêts du commerce et
de l'industrie, il lui suffisait que les chemins pussent
livrer passage aux courriers royaux et ainsi l'utilité de
la viabilité lui paraissait limitée aux seuls besoins de
son gouvernement et à la réalisation de ses desseins
politiques.

Pourtant, on augmenta à plusieurs reprises le nombre
des officiers préposés aux soins de la voirie, mais ces
mesures s'inspirèrent surtout d'un esprit de fiscalité, les
charges étant vénales. Un édit de 1621 élevait à douze
par Généralité le nombre des trésoriers généraux et revenant sur les dispositions de l'édit de 1598, rendit à
ces officiers le pouvoir d'ordonner des deniers destinés
aux ponts et chaussées.

Les attributions du grand voyer se trouvaient ainsi
grandement réduites et étaient même en conflit avec
celles des nouveaux fonctionnaires, si bien que sur leur
plainte, le roi, par un édit de 1623, supprima l'office de
grand voyer et créa deux nouvelles charges de trésoriers
généraux dans chaque Généralité. Quant à la juridiction de première instance en matière de voirie, elle fut
attribuée au bureau de finances de chaque Généralité.

En 1633, un nouvel édit institua les offices de contrô-
leurs généraux ; la multiplicité de toutes ces fonctions
devait avoir pour conséquence fatale la désorganisation

complète de tous les services — c'est ce qui arriva. Aussi les réclamations que suscita une pareille situation amenèrent-elles la royauté à rétablir un peu d'ordre en constituant à nouveau en 1645 la charge de grand voyer. — Mais cette mesure n'était encore en réalité qu'un nouveau moyen fiscal, puisque l'office de grand voyer était dévolu à trois personnes qui devaient alternativement exercer ces fonctions, chacune pendant une année. La réforme était si peu heureuse qu'elle ne dura pas longtemps. Enfin, toute cette organisation, déjà si défectueuse par elle-même, se compliquait encore par suite de la résistance des autorités locales et c'est ainsi que des conflits s'élevaient à Toulouse, en Provence, à Dijon etc...

Le Conseil d'Etat eut souvent à se prononcer et un arrêt de décembre 1641 reconnaît au bureau des finances de Dijon la juridiction de la grande et petite voirie.

Colbert, devenu contrôleur général des Finances en 1661, s'efforça de développer et d'améliorer nos voies publiques. Laissant aux trésoriers de France la partie financière et la juridiction contentieuse des ponts et chaussées, il leur retira la partie administrative et technique pour la confier à des commissaires répartis dans les provinces, délégués par lui et responsables par devers lui. Il leur adjoignit pour les assister, des ingénieurs qui avaient pour mission de dresser des devis et plans et de surveiller l'exécution des ouvrages.

Les principales ressources destinées à permettre de faire face aux différentes dépenses de la voirie comprenaient : 1° des péages qui malheureusement étaient souvent distraits de leur destination ou établis au profit de particuliers qui ne pouvaient pas en réalité justifier de leurs titres. Colbert opéra sur ce point une sage réforme, en prescrivant la revision rigoureuse de tous les titres de péage ; 2° des corvées imposées aux communes traversées par les routes ; 3° de la main-d'œuvre individuelle, mais on n'exigeait ces prestations personnelles que dans des provinces où d'anciennes coutumes les avaient consacrées. Enfin, le Trésor royal fournissait des allocations annuelles sur état (état du Roi des Ponts et Chaussées). La correspondance de Colbert témoigne de sa sollicitude pour la viabilité, ainsi que de sa connaissance approfondie des questions techniques. Quand on lit ces lettres-missives et ces instructions, on ne peut s'empêcher d'être saisi d'admiration devant l'universelle compétence de ce grand génie. Souvent même, Colbert tombe dans de véritables minuties, lorsque par exemple, il envoie une lettre d'amers reproches à l'intendant d'Artois qui a payé la toise carrée un peu plus qu'il ne l'aurait dû. Par le règlement de 1661 Colbert établit la comptabilité publique en matière de travaux d'Etat.

Un arrêt de Conseil de 1671 divise les routes en trois classes : la première comprenant les chemins royaux, la deuxième les chemins vicinaux et la troisième les chemins de traverse. Cet arrêt classait comme chemins royaux ceux qui conduisaient d'une ville à l'autre, ceux qui allaient de la capitale de chaque province au siège d'anciens bailliages, là où il y avait poste et messagerie royale.

Colbert a créé aussi le service des ponts et chaussées et il apporta ainsi à l'administration de la voirie, une unité qui jusque là lui avait fait défaut. On peut donc affirmer que le véritable essor des voies de communication date de son ministère, et le XVIIIe siècle n'a fait que donner le jour à une œuvre lentement élaborée. C'est ce que se refusent généralement à admettre la plupart des auteurs qui s'attachant uniquement à l'édit de 1705, créateur des routes royales, ne veulent pas voir que la préparation en fut faite par Colbert et que c'est grâce aux mesures prises par lui et aux travaux exécutés sur son initiative, que la voirie a pu prendre ce magnifique développement. En effet, sous Louis XIV, les voies de communication étaient déjà singulièrement améliorées et elles étaient à même de rendre des services importants.

Au point de vue de l'intérêt stratégique ; les campagnes de Louis XIV, la concentration d'une nombreuse armée sur le Rhin, par les chemins de l'est et du nord de la France, sont là pour en témoigner.

Au point de vue de l'intérêt politique ; la centralisation administrative atteint son apogée sous Louis XIV qui en avait donné la véritable formule dans cette maxime désormais célèbre : l'Etat, c'est Moi.

Les grands conseils qui siègent autour du roi traitent des affaires des provinces les plus éloignées et le Conseil d'Etat, usant de son droit d'évocation, mande à sa barre les intendants, juge leurs différends avec les autorités locales et protège ainsi l'action du pouvoir royal contre l'opposition systématique des parlements.

Au point de vue de l'intérêt industriel et commercial; c'est là surtout que l'œuvre de Colbert apparaît dans toute sa grandeur. Suppression des douanes intérieures, création de nouvelles manufactures — mise en vigueur d'un régime de protection douanière, peut-être exagéré ; — cet ensemble de mesures développe notre industrie, rend nécessaire l'amélioration des voies et moyens de transport et prépare ainsi l'éclosion de ce réseau de nouvelles grandes routes que le XVIIIe siècle a vu se réaliser et qui répondit aux besoins d'une société arrivée à un haut degré de civilisation.

Les travaux de voirie qui furent exécutés sous le règne de Louis XV sont en effet fort remarquables au point de vue technique et cela tient à un fait bien naturel. Toutes les fois que la science encore imparfaite ne dispose comme tracteurs que de forces animales, toujours identiques à elles-mêmes, c'est dans l'aménagement des voies et le perfectionnement des procédés de construction que réside le progrès du roulage. Au contraire, lorsque la science a réalisé ses principales découvertes, on s'attache surtout à l'amélioration de la machinerie. Les voies ferrées sont à peu de chose près, à l'heure actuelle, ce qu'elles étaient au début, mais quel abîme sépare la primitive machine *Stephenson* de ces admirables compounds qu'emploie maintenant la Compagnie du Nord ou des locomotives à grande vitesse dites *chameau* en service sur la Compagnie de l'Est.

L'édit du 26 mars 1705 formulait une règle technique en prescrivant que les routes devaient être à l'avenir tracées en ligne droite. Les autres dispositions de l'édit visaient les longueurs, les fossés et les plantations qui peuvent exister. Elles furent complétées par l'arrêt du 5 mai 1720, aux termes duquel la longueur entre fossés devait être de 60 pieds pour les grands chemins royaux et de 48 ou 36 pour les autres grands chemins, par lesquels passaient les coches des postes et messageries faisant le service d'une ville à l'autre. Les riverains étaient tenus de planter des arbres le long de ces chemins et ce à des intervalles de 30 pieds et à une toise au moins à compter du bord extérieur du fossé.

L'organisation du corps des Ponts et Chaussées tentée sans succès en 1713 fut réalisée par l'arrêt du 1ᵉʳ février 1716 et elle mit en relief des ingénieurs de talent. A la place des 11 inspecteurs généraux institués par l'arrêt de 1713 et des 22 ingénieurs des généralités, l'arrêt de 1716 établit un inspecteur général assisté d'un premier ingénieur, de 3 inspecteurs et 22 ingénieurs. Telle fut la première organisation des Ponts et Chaussées. C'est sous l'inspiration de ce grand corps que furent édictées les premières règles concernant la police du roulage. Les hommes de l'art avaient pu en effet se convaincre des dégâts qu'occasionnent les voitures trop pesamment chargées. Une des conditions essentielles de conservation des routes consiste à établir une proportion rationnelle entre la résistance que peuvent offrir les chaussées et le maximum de poids ; aussi, aux termes d'une déclaration royale du 14 novembre 1724, fut-il interdit à tout roulier ou voiturier d'atteler à chaque charrette à deux roues plus de 3 ou 4 chevaux suivant les saisons.

Pour suppléer à l'insuffisance des fonds consacrés à la réfection et à la construction des grands chemins royaux, on généralisa l'emploi de la corvée, qui fut réglementée en 1737 et en 1738 par les instructions du contrôleur général des finances. On put ainsi exécuter d'importants travaux de voirie, mais cette institution était néanmoins fort impopulaire et en maintes circonstances la royauté fut obligée de réprimer des émeutes partielles suscitées par l'abus de son droit rigoureux.

En 1747, Trudaine, alors contrôleur général, institua le bureau des dessinateurs des plans de grandes routes, il créa aussi l'école des élèves des ponts et chaussées ainsi que l'Assemblée générale, origine de notre conseil général actuel.

L'Administration se préoccupa aussi d'empêcher les empiétements de la part des riverains et l'arrêt du 27 février 1765 reconnaît aux Trésoriers de France compétence pour délivrer les alignements le long des routes royales et dans la traverse des villes et villages qui leur font suite, à charge par eux de se conformer aux plans arrêtés à l'avance et déposés au greffe de leur bureau.

A défaut de plans généraux, les trésoriers devaient, avant de délivrer l'alignement, se faire remettre par l'ingénieur, un rapport d'état de lieu et veiller à ce que la double expédition de cette autorisation restât à son greffe. Mais il ne suffit pas de prévenir les atteintes au domaine public, il faut aussi pouvoir les réprimer, si elles se sont produites. Plusieurs arrêts du Conseil attribuaient aux intendants de généralités, connaissance des contraventions de voirie afin de les juger ; on étendait ainsi le domaine de la juridiction administrative afin de protéger encore d'une façon plus efficace nos grandes routes.

Un arrêt du Conseil rendu le 6 février 1776 sur la proposition de Turgot établit une nouvelle classification des chemins suivant l'importance qu'ils avaient au point de vue du commerce général du royaume ; quatre classes furent ainsi établies : la première comprenait les grandes routes, qui traversaient tout le royaume ou qui conduisaient de la capitale aux principales villes et ports ; la deuxième classe comprenait les routes conduisant de Paris à des localités moins importantes, les deux autres classes étaient formées de chemins secondaires, d'intérêt local. La largeur des routes de la première classe fut fixée à 42 pieds, celle de la deuxième à 36 ou 30 pieds au lieu des 48 et 36 assignés par l'arrêt de 1720.

Néanmoins, dans les traversées de forêt, on devait encore observer la largeur de 60 pieds et le roi se réservait la faculté soit d'augmenter, soit de diminuer les largeurs des routes des deux premières classes. Grâce à cet ensemble de mesures, l'organisation d'un corps des ponts et chaussées, l'emploi de la corvée, la répression énergique des contraventions de voirie, on arriva à de magnifiques résultats, six mille lieues de grandes routes furent ainsi construites, ainsi que près de 400 grands ponts de premier ordre. La voirie ainsi améliorée et développée facilita le service du roulage et des postes et il est curieux d'assister aux progrès que réalisa de jour en jour la locomotion rapide.

En 1716, les correspondances de Paris et des routes y aboutissant, à destination du Danemark, de la Suède, de la Saxe, de la Prusse, de la Pologne et de la Russie purent se faire à jour fixe. D'après l'almanach royal de 1723, il existait à cette époque un service régulier partant et arrivant à jour donné pour Paris, Versailles, Chartres, la Bretagne, La Rochelle, Bordeaux, Troyes, Reims, Amiens, Rouen, Lyon, Orléans, Toulouse, la Hollande par la Belgique, l'Espagne, Strasbourg par Nancy, Rome par Lyon, Marseille par Lyon, et la Suisse par Dijon et Besançon. En 1741 (ordonnance du 27 mars) furent créés 5 grands courriers par semaine, tant à l'aller qu'au retour, entre Paris et Strasbourg en passant par Reims, Chalons, Verdun et Metz. En 1757, il existait en France environ 900 bureaux de poste, d'après l'almanach de la ville de Lyon, de 1760. Cette ville, en raison de son importance industrielle et de sa situation géographique sur les routes de Suisse et d'Italie, était dotée d'un service complet de poste et de messagerie : les courriers partaient et arrivaient à jour fixe de Paris et les villes au delà par Moulins et la Bourgogne. C'est encore par ces deux régions qu'à l'heure actuelle la Compagnie du P.-L.-M. a établi les communications entre Lyon et Paris, ligne de la Bourgogne et du Bourbonnais. Le coche mettait de Paris à Lyon 5 jours en été et 6 jours en hiver (125 lieues), cela fait donc en moyenne 25 lieues par jour. Ces résultats fort beaux, il faut le reconnaître, excitaient l'enthousiasme de nos pères, qui donnèrent le nom de diligence à ces voitures si rapides. Le trajet de Paris à Rouen (32 lieues) exigeait 36 heures. Pour aller de Paris à Strasbourg, le carrosse mettait 11 jours en passant par Meaux, La Ferté-sous-Jouarre, Château-Thierry, Epernay, Châlons, Vitry-le-François, Bar-le-Duc, Toul, Nancy, Lunéville, Sarbourg et Saverne. On le voit donc, la route royale sous l'ancien régime a joué un rôle considérable, c'était la principale artère des postes. C'est du reste ce qui arrive encore de nos jours puisque l'État a eu soin d'imposer comme charge principale aux compagnies concessionnaires des chemins de fer l'obligation d'assurer le service postal. On peut donc dire qu'il y a un lien intime entre le développement de la viabilité et le développement des postes qui sont elles-mêmes un des principaux facteurs de la richesse commerciale d'un pays.

La Révolution apporta peu de modifications au réseau

des routes, mais néanmoins, par suite de la division de la France en départements, on fut obligé d'ouvrir de nouvelles routes et de remanier le réseau des postes, c'est ce que fit la loi du 12 septembre 1791.

Le 12 septembre 1791, l'Assemblée nationale décrète qu'à partir du 1ᵉʳ janvier 1792, il sera établi sur les routes ci-après désignées un nombre déterminé de courriers de poste aux lettres en voitures.

Ces courriers étaient ceux de :

Paris à Valenciennes par St-Quentin ;
   » à Mézières par Reims ;
   » à Cherbourg par Rouen ;
   » à Calais et à Dunkerque par Amiens ;
   » à Nantes par Le Mans ;
   » à Strasbourg par Nancy ;
   » à Huningue par Troyes ;
   » à Besançon par Dijon ;
   » à Lyon par Autun ;
   » à Lyon par Moulins ;
   » à Toulouse par Limoges ;
   » à Bordeaux par Poitiers ;
   » à Brest par Rennes.

Lille-Strasbourg, Strasbourg-Lyon, Lyon-Bordeaux, Lyon-Genève, Lyon-Grenoble, Lyon-Marseille, Bordeaux-Rennes, Rennes-Rouen, Rouen-Amiens, Amiens-Dunkerque, Poitiers-la-Rochelle, Strasbourg-Huningue, Aix-Antibes, Toulouse-Bayonne, Toulouse-Bordeaux,

Moulins-Mende, Moulins-Limoges, Tours-Nantes, Nantes-Brest, Rouen-Havre, Rouen-Dieppe, etc...

La Révolution réalisa trois réformes importantes ; on donna une définition nette de la grande et de la petite voirie. Sous l'ancien régime, en effet, on entendait par grande voirie l'ouverture, l'alignement, la direction et la conservation des routes, chemins et rues de toute espèce. Sous le titre de petite voirie, on comprenait les mesures de police, ayant pour objet d'empêcher et de punir la dégradation de ces routes, chemins et rues. Les décrets-lois des 16-24 août, 7-11 septembre, 7-14 octobre 1790 firent la distinction de la grande et de la petite voirie telle qu'elle existe encore aujourd'hui ; en plaçant la dernière dans les attributions de l'autorité municipale et en décidant qu'en matière de grande voirie, l'administration appartiendrait aux corps administratifs et la police de conservation aux tribunaux de district. Par conséquent, la distinction établie par la législation du droit intermédiaire repose non plus sur la nature des travaux que l'on exécute, mais sur l'importance des voies. Les routes, au lieu d'être divisées d'après leur largeur comme dans l'édit de 1776, le furent d'après leur direction ; la première classe comprenait les routes de Paris aux frontières au nombre de 28 et d'une longueur totale de 15.000 kilomètres ; les routes de la deuxième classe au nombre de 97 allaient d'une frontière à une autre sans passer par Paris ; la troisième classe comprenait un grand nombre de routes allant d'une ville à une autre et dont la longueur totale s'élevait à 20.000 kilomètres. Une loi du 11 frimaire de l'an VII classa parmi les dépenses générales à la charge de l'État : la confection, l'entretien et la réparation des grandes routes. Par conséquent, la Révolution eut le mérite d'établir une distinction bien nette entre la grande et la petite voirie, de classer les routes d'une façon plus intelligente qu'on ne l'avait fait sous l'ancien régime. Mais, la législation de cette époque peut être critiquée à un certain point de vue ; en confiant à des tribunaux judiciaires le soin de veiller à la police des routes, et de réprimer les contraventions, elle compromit un instant la grande voirie. En effet, les tribunaux s'acquittaient fort mal de leur mission et un des premiers soins du Consulat, qui réorganisa la juridiction administrative, fut de confier au conseil de préfecture la juridiction en matière de grande voirie (lois du 28 pluviôse de l'an VIII et du 29 floréal de l'an X).

Avec l'Empire, les routes se développèrent encore et les sommes affectées aux travaux des ponts et chaussées s'augmentèrent chaque année dans des proportions considérables ; du reste, on ouvrit de nombreuses routes, tant sur notre territoire actuel que dans les pays étrangers devenus conquêtes de l'Empire et c'est là une particularité que certains pays ont été ainsi dotés d'un réseau de routes construites par les ingénieurs français.

De pareilles dépenses étaient évidemment fort lourdes pour un pays déjà écrasé de charges militaires.

Aussi en 1811, intervint un décret qui, sous une apparence de libéralité, cachait simplement un expédient financier. Ce décret du 16 décembre 1811, dont l'importance administrative est considérable, supprima l'ancienne division de routes, pour y substituer le classement en routes impériales et routes départementales. Les routes impériales au nombre de 229 se subdivisèrent en 3 classes ayant ensemble 46.500 kilomètres de longueur. Pour les deux premières classes, les dépenses de construction, amélioration et entretien, incombèrent entièrement à la charge du Trésor ; pour la 3ᵉ classe, comprenant 202 routes, les dépenses étaient réparties entre l'État et les départements traversés. L'État conservait donc la propriété de ces routes, tout en imposant sans compensation des charges aux départements. Il fut sursis au classement des routes départementales, afin de prendre l'avis des conseils généraux, mais étant donnée la constitution qui régissait alors la France, cette consultation, il faut le reconnaître, n'était qu'illusoire et servait simplement de masque à un arbitraire absolu. C'est par décret du 7 janvier 1813 que l'on détermina les routes qui feraient partie de la dernière classe. Elle comprit toutes les routes de 3ᵉ classe et en outre, certains chemins vicinaux jugés assez importants pour être élevés au rang de routes départementales.

Quoi qu'il en soit, la viabilité sous le premier empire atteignit un haut degré de perfection et nous retrouvons encore là les trois grands intérêts qui sont la raison d'être des voies publiques, — l'intérêt politique ; — la constitution de l'an VIII est un régime de centralisation à outrance, les préfets du premier empire reçoivent et exécutent des ordres militairement, les communications entre les départements et Paris sont fréquentes et rapides. M. de la Valette relate dans ses mémoires la création d'un service de courriers impériaux appelés estafettes de l'Empereur et qui, grâce au bon entretien des voies de communication, parvenaient à accomplir des miracles de célérité ; — l'intérêt industriel et commercial : — peut-être le plus négligé dans une période où tout est consacré à la gloire militaire, mais si faible qu'il soit, il existe néanmoins encore ; — l'intérêt stratégique enfin — celui auquel évidemment l'Empereur attachait le plus de prix. C'est grâce à un réseau de voies de toutes sortes, bien conçu comme tracé et parfait comme exécution, que Napoléon put, en 1814, tenir si longtemps tête avec une petite armée à des forces considérables. Cette campagne de France qui est restée comme la merveille de la stratégie moderne est surtout remarquable par la multiplicité et la rapidité des mouvements au moyen desquels l'armée française pouvait s'avancer ou se dérober en temps utile. On n'a à cet égard qu'à consulter les ouvrages spéciaux de Jomini ou du commandant Weill, ainsi que les ordres de marche et de mouvement émanés de l'Empereur pour se convaincre des services qu'a pu rendre une viabilité aussi parfaite que l'était la nôtre.

Rien n'est curieux comme d'étudier les mouvements préparatoires de la concentration sur Troyes après le combat de Montereau ; l'Empereur prescrit au maréchal Macdonald de réunir tout son corps d'armée sur la route de Troyes et il termine sa dépêche en disant : « Nous marcherons sur Troyes par trois routes, lorsque le duc de Reggio sera aux Grès, le duc de Tarente au Pavillon et nous à Villeneuve-l'Archevêque. De même la marche sur Laon.

Le 3 mars, l'Empereur donne ordre d'aller à Oulchy-le-Château et d'y couper la route de la Ferté ; il porte ses troupes sur la grande route de Châlons, jusqu'à Château-Thierry d'où il leur fait prendre la route de Soissons. Tandis que la droite de l'armée française s'avançait ainsi par la route de Château-Thierry à Soissons, la gauche formée des troupes du duc de Raguse et du duc de Trévise marchait sur Soissons, par la route de Villers-Cotterets et Neuilly-St-Front.

Le 8 mars, Marmont avec le 6ᵉ corps se porte sur Laon par la route de Vervins avec ordre de maintenir ses communications avec Soissons. L'Empereur prend la route de Soissons avec Ney, Mortier et la garde.

Après la chute de l'Empire, la paix rétablie, le commerce et l'industrie redevinrent prospères, les routes ne servirent plus uniquement au passage des armées. En même temps, la science commençait à se préoccuper d'une nouvelle et merveilleuse invention, les locomobiles à vapeur ; et le premier problème qui se posa à l'esprit de tous fut de savoir si l'on ne pourrait pas utiliser tel quel ce magnifique réseau de routes nationales. Mais le moteur était encore trop imparfait et c'est à la création de voies spéciales que l'on dut recourir, c'est ainsi que l'on établit des chemins sur rails en bois, bientôt remplacés par des rails en fer. Les chemins de fer prirent ainsi naissance et la voie étant établie, le moteur n'a fait que se perfectionner. On se demande donc actuellement si, en présence de cette extraordinaire extension des voies ferrées, la route nationale, autrefois si utile, n'a pas perdu sa valeur. Il s'est rencontré nombre de gens qui l'affirment, mais nous espérons démontrer que cette opinion est absolument fausse et que la route nationale est encore appelée à rendre de nos jours de grands services. C'est dans la troisième partie de cet ouvrage que nous examinerons cette question, toute d'actualité puisque la Chambre est saisie de divers projets tendant à déclasser les routes nationales.

La route nationale existe donc encore en quelque sorte côte à côte avec les chemins de fer. Il nous convient maintenant d'examiner quel est le régime administratif auquel elle est soumise.

DEUXIÈME PARTIE

LE PRÉSENT

———

Les routes nationales font partie du domaine public de l'État. Elles réunissent en effet tous les caractères constitutifs de la domanialité publique telle que l'ont définie la loi de 1790 et le Code civil en la qualifiant de « portion de territoire français » insusceptible de propriété privée.

Le domaine public échappe en effet aux règles de droit commun qui régissent la propriété en général, il est par essence inaliénable et imprescriptible alors que tous les biens sont naturellement aliénables et prescriptibles, et ce, dans l'intérêt supérieur des sociétés. L'État, ainsi que l'a dit Proudhon, ne possède donc pas propriétairement le domaine public. Il n'en est que le surintendant, le gardien fidèle, comptable vis-à-vis des générations futures appelées à se succéder. Avant la célèbre ordonnance de Moulins, de 1566, le roi avait les pouvoirs les plus étendus sur le domaine de la Couronne, considéré comme un fief ordinaire. A cette date, on se préoccupa d'empêcher les dilapidations d'un bien qui constituait la fortune publique et cette ordonnance, élevée en quel-

que sorte à la hauteur d'un principe constitutionnel, fit
défense pour l'avenir au souverain d'aliéner quoi que ce
soit du domaine de la Couronne. Mais, il restait encore
une étape à franchir, l'ordonnance de 1566 n'avait pas
en effet su faire la distinction entre le domaine public
et le domaine privé. C'est au droit intermédiaire que
revient l'honneur d'avoir nettement posé le principe
et d'avoir ainsi, d'une façon radicale, protégé le bien
public.

Par cela même que le domaine public est hors du droit
commun, que les dispositions qui le régissent sont toutes spéciales, on ne peut pas arbitrairement en fixer la
composition. Voilà pourquoi, comme le fait justement
remarquer M. Ducrocq (*Cours de droit administratif*,
t. II, p. 928), la route nationale, élément important de la
domanialité publique, n'acquiert cette qualité que lorsque le sol est en état matériel de viabilité. Nous nous
refusons à admettre une distinction que l'on entend
créer entre le domaine public « artificiel » et le domaine
public « naturel ». Pour nous, il n'y a qu'un seul domaine public national. Les fleuves et rivières ne font
partie du domaine public qu'à la condition d'être navigables et flottables et bien entendu l'administration
constate dans ses déclarations cet état physique, mais
ne le crée pas. De même, la route ne fait partie du domaine public terrestre que lorsqu'elle est utilisée pour
la circulation. Ce n'est donc pas le classement, acte administratif, qui lui confère comme on l'a soutenu le

caractère de dépendance du domaine public ; ce classement n'est en quelque sorte qu'un acte d'état civil qui
n'a pas plus d'influence au point de vue des faits matériels que la déclaration de naissance d'un enfant légitime. En effet, l'acte de naissance n'est qu'un moyen de
preuve, mais il ne donne pas la légitimité à l'enfant qui
vient de naître, il ne peut constater qu'un fait. Pour
nous, la véritable utilité du classement est d'être un in-
ventaire de la fortune publique, or, les inventaires cons-
tatent bien tous les éléments d'un patrimoine, mais ils
ne les créent pas.

Il résulte du principe ainsi posé que le sol de la route
est inaliénable et imprescriptible non pas du jour du
classement, mais du jour où la voie a été ouverte à la
circulation et on arrive ainsi à protéger d'une manière
plus efficace le domaine public contre des usurpations
possibles. De même, nous n'hésitons pas à admettre que
la prescription peut courir du jour où la route n'est plus
affectée à l'usage public, qu'il y ait ou non acte officiel
de déclassement. La jurisprudence du Conseil d'État qui
est sur ce point contraire à notre opinion (Dupin, 1870)
ne nous semble pas s'être inspirée des véritables principes de la matière.

Nous allons examiner successivement les trois phases
par lesquelles peut passer toute route, c'est-à-dire sa
création, son administration et sa désaffectation.

CHAPITRE PREMIER

La création de routes nationales nouvelles comporte généralement l'exécution d'importants travaux publics et par conséquent motive nécessairement l'intervention des pouvoirs constitués. Mais immédiatement se pose alors la question de savoir quelle sera l'autorité compétente, du pouvoir législatif ou du pouvoir exécutif? La solution a varié suivant les diverses tendances des régimes qui se sont succédé. Aux termes de la loi du 3 mai 1841, le pouvoir législatif seul était compétent pour les travaux des routes nationales. Sous la constitution dictatoriale de 1852, le Pouvoir exécutif s'efforçant de s'arroger la prééminence sur le Pouvoir législatif, on n'est pas étonné de voir le sénatus-consulte du 25 décembre 1852, reconnaître au chef de l'État le droit de décision, mais c'était là, il faut le reconnaître, une satisfaction d'amour-propre, bien plus qu'une prérogative réelle, car toutes les fois qu'il fallait faire appel à la participation financière de l'État, une loi devenait indispensable pour statuer sur les voies et moyens. « Notons-le bien, portait le rapport de M. le président Troplong au Sénat, ce sont les frais des travaux, non le travail lui-même, qui sont soumis à la sanction législative » (Ducroq, t. II, § 814). En dépit de ce subtil distinguo, c'était le Pouvoir législatif qui décidait pour les routes nationales, puisqu'elles sont construites et entretenues entièrement à la charge de l'État.

La loi du 27 juillet 1870 a fait un départ d'attributions entre le Pouvoir législatif et l'Exécutif. C'est au législateur qu'il appartient de déclarer l'utilité publique des travaux à accomplir en vue de la création d'une route nouvelle et l'Exécutif est compétent lorsqu'il ne s'agit que de rectifications ou de lacunes à des routes nationales déjà existantes. Une proposition de loi a été déposée sur le bureau de la Chambre à l'effet de donner compétence exclusive au Pouvoir législatif, et le Sénat s'étant également montré disposé à adopter cette réforme, on peut dès maintenant tenir pour proche le jour où elle sera devenue une loi définitive. Bien que ce soit une loi qui intervienne pour déclarer l'utilité publique des travaux à entreprendre, il ne faut pas hésiter à voir là un acte de haute administration. Comme le dit fort bien M. Laferrière (1), la forme des actes ne change pas leur nature intrinsèque. S'ils sont faits par les Chambres plutôt que par le Pouvoir exécutif, c'est à raison de leur importance et de la répercussion qu'ils peuvent avoir sur les finances de l'État.

De ce que cette loi spéciale a un caractère d'acte ad-

____

(1) M. Laferrière, *Traité de la juridiction administrative*, tome II, livre 4, chapitre 1er.

ministratif, il en résulte d'importantes conséquences. Le Parlement lorsqu'il légifère peut, par une loi particulière, déroger à des lois préexistantes ; au contraire dans l'espèce, accomplissant un acte d'administration, il est obligé de se conformer aux principes généraux du droit administratif. C'est ainsi que la loi déclarative d'utilité publique doit toujours être précédée de l'enquête prévue par l'ordonnance du 18 février 1834 et la loi du 5 mai 1841 : Est-ce à dire que l'on pourrait introduire, en cas d'inobservation de ces formalités, un recours contentieux devant le Conseil d'État, arbitre suprême de tous les Corps administratifs ? Non, car ce grand Tribunal ne peut annuler des actes du Pouvoir législatif quels qu'ils soient ; on n'aurait donc que la ressource d'en appeler au Parlement lui-même mieux informé, aussi le caractère administratif n'a-t-il d'influence qu'au point de vue de l'interprétation. En vertu du principe *ejus est interpretari cujus est condere legem* on pourrait être tenté de croire que le Parlement seul pourrait connaître d'une demande d'interprétation, d'une loi déclarative d'utilité publique dont les termes et la portée seraient contestés. Le Conseil d'État n'a pas hésité à admettre que les actes d'administration faits en forme de loi relevaient de son pouvoir général d'interpréter les actes administratifs et que par conséquent les parties pouvaient soulever à sa barre les questions préjudicielles d'interprétation contentieuse. Il a statué par deux arrêts, le premier qui est un arrêt sur conflit du 24 décembre 1845 (de Nizelles), le deuxième un arrêt contentieux du 7 août 1883.

Quant à l'acte de classement proprement dit, il est toujours fait par le Pouvoir exécutif (décret du 16 décembre 1811); il peut intervenir soit en même temps, soit après la déclaration de l'utilité publique. Mais cet acte de classement, s'il est postérieur à la création matérielle de la route, ne peut pas en changer les limites primitives, il ne peut que confirmer un état de choses préexistant. En effet, l'emprise des terrains ne peut avoir lieu que par voie d'expropriation, conformément à la loi du 3 mai 1841 ou par suite de l'application de plans généraux d'alignement dressés suivant les prescriptions de la loi. Il ne faut donc pas hésiter à considérer comme une opinion erronée celle qui veut établir une différence entre la délimitation du domaine public fluvial ou maritime et la délimitation du domaine public terrestre. « A l'égard des voies de communication qui font partie du domaine public artificiel, telles que les routes, etc., l'administration qui crée ce domaine peut en modifier les limites à l'égard des choses du domaine public naturel, elle ne peut que constater les limites que la nature a dessinées (1). »

Il est inexact de dire que l'administration crée le domaine public terrestre, par conséquent les deux situations sont bien identiques qu'il s'agisse des voies d'eau ou des voies de terre. Un acte de classement qui ne

(1) Laferrière, *Traité de la juridiction administrative.*

respecterait pas les limites d'une route, telles qu'elles ont été fixées et par la déclaration d'utilité publique et par l'usage, serait aussi bien entaché d'excès de pouvoirs qu'un décret de délimitation des rivages de la mer. Le Conseil d'État n'a jamais hésité à annuler des actes administratifs qui par erreur ou par calcul fixaient au domaine public des limites autres que celles tracées par la nature ou par l'usage public (1).

Le Tribunal des conflits a admis l'annulation des actes administratifs, portant délimitation abusive du domaine public maritime ou fluvial (2), nous estimons qu'il faut appliquer les mêmes règles en matière de domanialité publique terrestre et que, les pouvoirs de l'administration ne sont pas plus étendus dans un cas que dans l'autre. Mais, cette opinion rencontre encore de nombreuses résistances dans la doctrine.

La déclaration d'utilité publique des travaux nécessités pour l'ouverture d'une route nouvelle peut comporter l'emprise de terrains appartenant à des particuliers.

Dans les pays neufs, la création des voies de communication terrestres ne souffre guère de difficultés. En Amérique, en Russie, on traverse en effet d'immenses espaces presque déserts et la simple occupation matérielle suffit. Dans les pays de civilisation plus ancienne, à population très dense, tout le territoire est possédé individuellement et c'est cette propriété individuelle qui

____

(1) M. Ducrocq, *Cours de droit administratif*, t. II, p. 960.
(2) Guillié, Paris-Labrosse, 1873.

est une des sources les plus fécondes de la richesse économique, elle mérite donc la protection de la loi et on ne doit y porter atteinte que lorsque l'intérêt général l'exige impérieusement et moyennant de justes compensations.

Si les lois de 1841 et 1870 exigent l'intervention régulière des pouvoirs publics, c'est afin d'éviter les abus de l'ancien régime ; la célèbre déclaration des droits de l'homme et du citoyen de 1789 et la constitution du 3 septembre 1791 ont solennellement proclamé que la propriété était un droit inviolable et sacré. Ce principe a toujours été implicitement consacré par les constitutions postérieures. La propriété constituant avec la famille la base de l'ordre social, il importe au plus haut point d'en assurer le respect et voilà comment un illustre jurisconsulte a pu dire avec raison que les têtes de chapitre, les sources du droit privé se trouvaient dans le droit public. L'ancien régime, imbu des théories féodales et pénétré de l'idée que le domaine éminent appartenait toujours aux princes, ne craignit pas en maintes circonstances de procéder à des confiscations arbitraires. La Révolution, instruite par l'expérience du passé, voulut prévenir le retour de pareils abus, en élevant le respect de la propriété individuelle à la hauteur d'un principe constitutionnel. Mais l'excès de protection accordé à l'intérêt privé menacerait de compromettre l'ordre social si on n'y avait apporté toutefois quelque tempérament. Il faut en effet tenir compte « de l'utilité

publique », ce sont les termes mêmes de la loi actuelle
et il convient que, dans ce cas, les intérêts privés fléchis-
sent devant l'intérêt général. Mais, on accorde de sérieuses garanties aux particuliers ainsi menacés et la
première de toutes consiste dans ce fait que ce sont les
pouvoirs publics seuls qui peuvent apprécier l'opportunité du sacrifice. La deuxième garantie repose sur l'intervention de l'autorité judiciaire, gardienne née des
droits civils. Aux termes de la loi du 28 pluviôse de
l'an VIII, c'était le conseil de préfecture qui était chargé
de régler les indemnités. L'administration ne se faisait
point faute quelquefois d'abuser de la situation et il
était passé dans le langage courant de dire que l'on
était exproprié par la Préfecture. Les lois de 1810, 1833,
1841 sont venues donner aux particuliers des garanties
en consacrant à l'intervention l'autorité judiciaire.

L'État peut donc exproprier en vue d'exécuter les
grands travaux publics que peut comporter l'exécution
d'une route nationale nouvelle ; notons en passant pourtant que domanialité publique et utilité publique ne
sont point termes inséparables, l'État peut aussi exproprier pour faire construire des ministères, un hôtel des
postes, etc., etc., bâtiments qui font partie, non pas du
domaine public, mais du domaine privé affecté à un
service public.

Il n'entre nullement dans le cadre de cette étude
d'examiner les différentes phases d'une expropriation
motivée par les travaux des routes. Il nous paraît seu-

lement important de faire ressortir que le jugement
d'adjudication prononcé par le tribunal civil ne fait pas
entrer le bien ainsi acquis dans la domanialité publique ; comme le fait remarquer M. Ducrocq dans son
Traité des ventes domaniales, les associations syndicales
peuvent aussi requérir le bénéfice de l'expropriation et
pourtant il n'existe pas de domaine public syndical.
D'ailleurs, la loi de 1841 a été explicite, la parcelle ex-
propriée entre dans le domaine privé de l'État jusqu'au
jour où elle a reçu la destination en vue de laquelle l'u-
tilité publique a été déclarée. La meilleure preuve qu'il
en est ainsi, c'est que la loi de 1841 a réservé un droit
de rétrocession pour le propriétaire dépossédé dans le
cas où la destination primitive ne se serait pas réalisée.
C'est ainsi que si un projet de route nationale se trouvait abandonné, la route n'ayant jamais été livrée à la
circulation, le propriétaire exproprié serait en droit
d'exercer la faculté que lui réserve la loi. Cette disposition est assez curieuse en ce sens qu'elle déroge au
principe de l'autorisation législative en matière de vente
domaniale. Il y a en quelque sorte un mandat donné à
l'avance par le législateur à l'administration à fin de
rétrocession. Ce rachat constitue un droit pour l'ancien
propriétaire, mais bien entendu, il ne peut s'exercer
qu'à la condition que jamais, fût-ce un instant, la route
n'ait été livrée à la circulation. Aussi croyons-nous que
la Cour de Paris, dans son arrêt du 29 avril 1865 (De-
lens), a bien jugé en décidant que la faculté de deman-

der la remise des terrains est générale, absolue, qu'elle n'est soumise à aucune restriction et peut s'exercer du moment qu'il est constaté que le terrain exproprié ne reçoit pas sa destination. Le Conseil d'État exige au contraire que l'autorité administrative fasse une déclaration officielle de non-usage. Cette dernière exigence nous paraît très contestable, car l'usage public, comme nous l'avons toujours dit, est un fait appréciable en dehors de toute déclaration de l'administration et le législateur a voulu justement protéger la propriété individuelle contre tout arbitraire. La disposition spéciale de la loi de 1841 est encore un supplément de garantie accordé en cas d'expropriation, puisqu'elle donne ainsi au propriétaire dépossédé un droit de contrôle très efficace.

A l'inverse du cas où l'administration cause un grave préjudice à un propriétaire en expropriant plus de terrains qu'il n'est nécessaire pour la perfection de la voie, elle peut aussi lui causer un grand tort en expropriant un immeuble pour partie seulement. Aussi le législateur a-t-il jugé nécessaire de reconnaître à l'exproprié le droit de requérir l'emprise totale des bâtiments si la partie restante de l'immeuble n'a plus par elle-même de valeur, mais c'est là une circonstance accessoire et non un élément de l'expropriation elle-même. Aussi, dans le cas de réquisition d'emprise totale, il n'y a qu'une vente ordinaire aux termes de l'article 1582 du Code civil, et le propriétaire ne pourra jamais à l'avenir exercer son droit de rétrocession pour cette partie ainsi cédée. Il peut donc se faire que l'exercice de son droit de rétrocession soit indirectement paralysé, puisqu'il sera forcément restreint.

Dommages.

L'ouverture d'une route nationale nouvelle ou le changement de tracé d'une voie déjà préexistante peuvent donc être l'occasion de travaux d'art parfois fort importants et dont l'exécution est de nature à causer de graves préjudices aux propriétaires circonvoisins. L'État leur doit-il une indemnité ? Il s'est rencontré de nombreux jurisconsultes qui, s'appuyant sur cet adage *qui suo jure utitur, neminem ledit*, ont soutenu la négative. Le Code civil lui-même, a-t-on ajouté, ne se fait point faute d'imposer dans l'intérêt général de lourdes charges à la propriété immobilière. La situation n'est-elle point la même et ne doit-on pas étendre par analogie les mêmes principes ? Cette théorie qui blesse profondément l'équité n'a même pas le mérite de se justifier par de sérieux arguments juridiques. En effet, si le Code civil crée des servitudes, elles sont générales, elles grèvent tous les fonds ; c'est le régime de droit commun de la propriété foncière en France et, de plus, l'étendue de ces charges est nettement limitée à l'avance. En l'espèce, l'hypothèse n'est pas la même. Il n'y a que quelques propriétés qui sont accidentellement appelées à souffrir de l'exécution des travaux. Aucune disposition législative ne peut, à l'avance, arbitrer la gravité et l'importance des troubles ainsi apportés. Il importe donc au point de vue de la stabilité et de la sécurité des fortunes immobilières que l'État soit tenu de réparer dans une large mesure les préjudices qui résultent de l'exécution des grands travaux de voirie. Et du reste, on ne peut assimiler l'État à un propriétaire ordinaire. « C'est en tant que puissance publique qu'il agit, qu'il met en œuvre des forces qui dépassent les facultés des particuliers » (Laferrière, *Traité de la juridiction administrative*). Toutes les fois qu'il ne fera qu'exercer un droit normal il ne sera pas tenu à indemnité. Mais il faut considérer que c'est là le cas exceptionnel et que, généralement, l'exécution d'importants travaux peut causer de très graves préjudices aux propriétés riveraines. Du reste, cette question du droit à indemnité est restée dans le seul domaine spéculatif, car la jurisprudence des tribunaux administratifs, mue par des sentiments de vulgaire justice, n'a jamais hésité à proclamer le droit au dédommagement pécuniaire.

Le dommage n'étant qu'une atteinte portée aux droits de jouissance sur la chose, est évidemment beaucoup moins grave que l'expropriation qui comporte la privation totale. Aussi importe-t-il de faire la distinction et cette différenciation a un grand intérêt au point de vue de la détermination des compétences pour le règlement des indemnités. Les caractères essentiels qui séparent l'expropriation du simple dommage sont que dans le premier cas il y a dépossession matérielle et incorpora-tion au domaine privé de l'État. En matière de dommages, c'est le conseil de préfecture qui, aux termes de la loi du 28 pluviôse de l'an VIII, est compétent et cette compétence est territoriale, c'est-à-dire qu'il appartient de décider au tribunal administratif du département où le dommage s'est produit. Le propriétaire qui réclame indemnité n'y a droit que lorsque le dommage dont il prétend avoir souffert réunit certains caractères définis par une jurisprudence constante du Conseil d'État. Il faut que le dommage soit certain, qu'il n'excède pas l'usage normal du droit de propriété, qu'il soit matériel et direct. — Matériel, c'est-à-dire qu'il constitue un préjudice appréciable en argent ; direct, c'est-à-dire qu'il ne provienne pas d'une cause éloignée mais soit au contraire le résultat immédiat des travaux accomplis.

Les conseils de préfecture pour le règlement des indemnités, doivent s'inspirer des considérations suivantes : 1° proportionner l'indemnité au préjudice causé ; 2° la régler en argent ; 3° tenir compte en compensation de toutes plus-values certaines, directes et immédiates ; 4° tenir compte des intérêts à partir de la demande en justice par application de l'article 1153 du Code civil. Enfin 5° il n'est pas nécessaire que l'indemnité soit préalablement payée, ce dernier point se justifie de lui-même, puisque le dommage ne peut être apprécié que lorsque le mal a été fait.

Actuellement, l'État exécute en régie tous les travaux concernant les routes nationales. Il est donc directement responsable des dommages qu'il peut causer aux propriétaires riverains.

Avant la loi du 30 juillet 1880, qui a supprimé tous les ponts à péage établis sur les routes nationales, on avait souvent agité la question de savoir dans quelles limites l'État était responsable des faits de ses entrepreneurs ou concessionnaires. Nous n'hésitons pas à admettre qu'il fallait faire application de l'article 1384 du Code civil. Dans certains contrats, l'État essayait de dégager à l'avance sa responsabilité en stipulant au cahier des charges que l'entrepreneur devait supporter toutes les conséquences dommageables résultant de l'exécution des travaux, mais une pareille convention ne pouvait pas être valablement opposée aux tiers qui n'y ont point été représentés (art. 1165, C. civ.), de sorte qu'en réalité pour nous, elle n'enlevait point aux particuliers le droit de recourir contre l'État, sauf à celui-ci à appeler son concessionnaire en garantie pour lui faire supporter définitivement, au point de vue de la contribution, les condamnations prononcées, et il pouvait agir à cet effet soit par voie d'action, soit par voie de retenue.

Les conseils de préfecture compétents pour connaître des dommages causés aux propriétés par l'exécution des travaux publics le sont aussi pour arbitrer les réparations qui sont dues aux personnes qui auraient été victimes d'accidents provoqués par la mauvaise direction et l'inexpérience des agents préposés aux travaux. La jurisprudence du Conseil d'Etat a subi sur ce point plusieurs variations et l'on peut noter trois périodes bien distinctes. Jusqu'en 1863, le Conseil d'État a admis que le conseil de préfecture avait pleine compétence pour connaître des dommages causés aux personnes aussi bien qu'aux propriétés. Mais à dater de 1863 (1), le Conseil d'État a estimé que cette interprétation de la loi du 28 pluviôse de l'an VIII° était trop large et il a admis qu'il appartenait à l'autorité judiciaire de connaître de ces faits. A partir de 1877, deux arrêts sur conflits, Leclerc et Lefort, sont revenus à la première jurisprudence qui nous semble la plus rationnelle. La dualité même des termes employés par la loi de pluviôse est une précieuse indication. On parle de torts et dommages et ces deux qualifications différentes donnent bien à entendre qu'il faut comprendre les dommages personnels et les dommages réels, mais bien entendu, pour qu'il y ait lieu à responsabilité contre l'État, il est nécessaire que le dommage causé aux personnes soit la conséquence immédiate et directe du travail public. Sinon, il n'y a que des voies de fait accomplies par des agents de l'administration. Dans ce cas, l'État peut bien. sous certaines réserves, être actionné en responsabilité civile, mais cette responsabilité ne peut être déterminée que suivant des règles administratives.

(1) Arrêt Dalifol.

Occupation temporaire et extraction de matériaux.

A côté des dommages occasionnels qui peuvent résulter pour les propriétés riveraines de l'exécution de grands travaux publics, la confection ou la réparation de routes importantes peut exiger le rassemblement en un point donné d'une quantité de matériaux. Il est alors nécessaire que le service des ponts et chaussées dispose de larges espaces pour établir des chantiers et des dépôts. D'autre part, il est certaines matières premières, comme la terre et le sable, dont le transport est fort onéreux et qui, prises sur place, ne coûtent presque rien. Afin de permettre dans l'intérêt général la construction rapide et économique des grandes voies de communication, on n'a pas hésité à frapper les propriétés voisines d'une servitude onéreuse, la servitude d'occupation temporaire et d'extraction de matériaux. Ce droit qui appartient à l'Administration et qui, à première vue, peut paraître exorbitant, est d'une telle utilité que les Chambres ont repoussé toutes les propositions tendant à sa suppression. Cette servitude est fort ancienne. Elle trouve son origine dans les arrêts du Conseil des 3 octobre 1667, 5 décembre 1672, 22 juin 1705, octobre 1755 et 1780. Ces arrêts sont encore en vigueur de nos jours puisque la loi des 17-22 juillet 1791 les a confirmés en parlant des travaux des grandes routes. L'article 4 de la loi du 28 pluviôse de l'an VIII et l'article 650 du Code civil en font également mention.

Enfin la loi du 29 décembre 1892 a de nouveau consacré cette servitude.

M. Laferrière, dans son *Traité de la juridiction administrative*, tome II, page 172, critique cette dénomination de servitude employée par le Code civil. « Il n'existe, dit-il, aucun rapport de fonds dominant à fonds servant entre l'ouvrage public en construction et les terrains occupés pour le service du chantier ou pour l'extraction de matériaux ; les obligations qui se forment entre les propriétaires des fonds occupés et l'administration ne naissent pas d'une servitude mais d'une sorte de réquisition, c'est-à-dire d'un quasi-contrat administratif analogue à une location forcée. »

Cette opinion nous paraît absolument erronée. Que vient-on parler de contrat? C'est la loi qui en l'espèce crée cette charge foncière. C'est une servitude légale d'utilité publique.

Pour que la servitude d'occupation temporaire puisse être exercée, il est nécessaire que certaines conditions se trouvent remplies. Il faut d'abord que les terrains qui doivent être occupés aient été l'objet d'une désignation officielle par arrêté préfectoral. Avant le décret de 1868 et la loi du 29 décembre 1892, la question était restée indécise et fort controversée. Mais maintenant le doute est levé. C'est le préfet seul qui est compétent pour décider des fouilles ou pour désigner les terrains. Les agents des ponts et chaussées qui ne sont point comme lui dépositaires de la puissance publique n'ont point cette faculté : ils ne peuvent que provoquer la mesure, non l'ordonner.

La seconde condition requise consiste en l'absence de clôture. Mais il y avait néanmoins sur ce point quelques difficultés par suite d'une différence de rédaction que l'on rencontre dans les arrêts de 1755 et de 1780. L'arrêt de 1755 portait « sans néanmoins que les entrepreneurs puissent prendre dans les lieux qui sont fermés de murs ou clôtures suivant les usages du pays. L'arrêt de 1780 au contraire portait que la prohibition ne doit s'entendre que des cours et jardins, vergers et autres possessions de ce genre, attenant aux habitations, et ne peut s'étendre aux terres labourables, herbages, prés, bois, vignes et aux autres terres de la même nature quoique closes. On avait pendant longtemps nié la légalité de l'arrêt de 1780 qui, dit-on, n'était qu'une décision d'espèce et non pas une disposition réglementaire ayant force de loi. Mais, comme le fait remarquer avec juste raison M. Féraud-Giraud (1), cet arrêt, étant rendu en interprétation de l'arrêt de 1765 avait forcément la même valeur que celui-ci. La jurisprudence avait interprété ces textes contradictoires en apparence de la manière suivante. Pour les terrains de la première catégorie, cours, jardin, on appliquait l'arrêt de 1765 à la lettre, c'est-à-dire qu'il leur suffisait de posséder une clôture conforme aux usages du pays, tandis qu'au contraire, pour les autres

____

(1) M. Féraud-Giraud, *Servitudes de voirie*, tome II, § 531

terrains, terres labourables, prés, bois, vignes, il fallait, pour les dispenser de la servitude qu'ils soient à la fois clos et attenant à une habitation. C'est aux tribunaux administratifs, non à l'administration qu'il appartenait d'apprécier s'il y a ou non clôture (Conseil d'État, affaire Champagnè, 1840). La loi du 29 décembre 1892 est venue heureusement mettre fin à ces controverses en détermi- nant de la façon la plus nette les cas d'application de la servitude d'occupation temporaire.

M. Féraud-Giraud se demande, si après l'arrêté de désignation un propriétaire peut en se clôturant échap- per à la servitude d'extraction de matériaux. Le savant auteur n'hésite pas à admettre l'affirmative et il se fonde pour cela sur l'article 647 du Code civil qui re- connaît au propriétaire le droit de se clore à son gré. Nous ne croyons pas que cette théorie puisse être ad- mise, elle se heurte à un principe général *fraus omnia corrumpit* et en pratique elle aboutirait à rendre abso- lument illusoire l'exercice de cette servitude. Nous pré- férons, en l'espèce, suivre l'avis de M. Dufour, tome IV. et Serrigny, tome I, n° 605.

La dernière condition requise pour l'exercice régulier de la servitude, c'est que les propriétaires soient avertis et cet avertissement doit aujourd'hui être individuel aux termes de la loi du 29 décembre 1892 qui n'a fait que confirmer sur ce point les dispositions du décret du 8 février 1868. Avant ce décret, on admettait qu'il suffisait que l'avertissement donné au propriétaire intéressé fût collectif (Doyat, *Annales des ponts et chaussées*, p. 179). C'est avec raison que le décret de 1868 a décidé que la notification devait être individuelle. En effet, cet arrêté de désignation ne s'applique qu'à quelques propriétés. C'est donc un acte administratif et il doit être publié suivant les règles propres à cette catégorie d'actes.

L'exercice de cette servitude d'occupation temporaire et l'extraction de matériaux peut causer quelquefois des préjudices fort graves aux propriétaires des héritages bordant les routes. Aussi a-t-il semblé légitime de consacrer le droit à une juste indemnité. C'est au conseil de préfecture qu'il appartient de la fixer, mais bien entendu, pour que la juridiction administrative soit compétente, il faut qu'il s'agisse d'indemnité due à raison d'une servitude régulièrement exercée. Si les agents de l'Administration ont pénétré sur les terrains, sans y être autorisés par arrêté préfectoral, il y a simplement agression sur une propriété privée, violation de domicile et les auteurs peuvent être poursuivis devant l'autorité judiciaire, protectrice naturelle de la propriété. De même, si les formalités prescrites par le décret de 1868 et la loi de 1892 n'ont pas été intégralement observées, il y a lieu de faire intervenir encore les tribunaux civils, mais ils ne peuvent pas apprécier la régularité des actes administratifs. En vertu du principe de la séparation des autorités, administrative et judiciaire, ils sont tenus de renvoyer à l'interprétation préjudicielle devant l'autorité compétente.

Les bases de l'indemnité pécuniaire dues en cas d'occupation temporaire, sont aujourd'hui fixées par la loi du 29 décembre 1892. La loi de 1807 prescrivait de régler l'indemnité d'après la valeur des matériaux extraits s'il s'agissait de terrains où se trouvait une carrière en exploitation. Dans les autres fonds, on ne devait qu'une indemnité destinée à compenser la perte des récoltes et la privation de jouissances. C'était là une disposition manifestement injuste et la loi du 29 décembre 1892 est venue décider que dans tous les cas, on tiendrait compte et du dommage occasionné à la surface et de la valeur des matériaux extraits.

Plus-values.

Nous venons d'envisager les circonstances fâcheuses qui peuvent marquer la création d'une route nouvelle ou le redressement d'une ancienne voie. Nous avons vu que dans l'hypothèse d'un changement de tracé ou d'une modification apportée au niveau ou à la pente, de graves dommages pouvaient être causés aux propriétés riveraines. Mais l'hypothèse inverse est susceptible de se présenter et les travaux à exécuter, sont quelquefois de nature à procurer aux domaines circumvoisins, d'importantes plus-values. Par exemple, un abaissement de niveau peut être favorable à des maisons construites en contre-bas ou situées au pied de l'ancienne pente et comme telles exposées à un violent écoulement des eaux. L'État est alors fondé à réclamer aux propriétaires avantagés une indemnité de plus-values et il peut agir, soit par voie d'action, soit par voie d'exception. Il agira par voie d'exception quand il se trouvera en présence d'une demande en indemnité formulée par un propriétaire qui invoque un dommage causé à sa propriété. A cette demande principale, l'Administration opposera une demande reconventionnelle afin de faire diminuer d'autant l'indemnité à accorder au propriétaire qui se prétend lésé. Mais l'État peut aussi agir par voie d'action lorsque la plus-value n'est contrebalancée par aucun dommage et que par conséquent, aucune action principale n'a été dirigée contre l'Administration.

Les arrêts du Conseil de 1672 et 1678 prévoyaient déjà le cas et la loi du 16 septembre 1807, articles 30, 31 et 32 a formellement reconnu à l'État le droit d'invoquer ce bénéfice. On a prétendu que les lois sur l'expropriation ont abrogé ces dispositions de la loi de 1807. C'est là une opinion erronée. Comme le fait remarquer M. Ducrocq, tome II, § 525, « il suffit de se reporter aux discussions des lois de 1833 et de 1841. L'article 51 de la loi du 3 mai 1841 n'a abrogé que l'article 54 de la loi de 1807, relatif à l'indemnité dues plus-values dues en cas d'expropriation partielle. Mais c'est justement lorsqu'il n'y a expropriation d'aucune partie de l'immeuble qui a acquis la plus-value que cette plus-value est réclamée par voie d'action et les lois d'expropriation sont demeurées étrangères à cette situation. »

Cette démonstration nous semble absolument con-
vaincante. Les lois sur l'expropriation n'ont pas pu viser
un cas qui se trouve en dehors de l'expropriation ; le
Conseil d'État a toujours jugé ainsi.

Pour que la plus-value puisse être réclamée par voie
d'action, il est nécessaire qu'elle soit reconnue d'une
manière solennelle et *erga omnes* par voie de décret
rendu en assemblée générale du Conseil d'État, puis, le
Gouvernement nomme une commission spéciale chargée d'arbitrer cette plus-value. Cette commission est
constituée par neuf membres ; elle décide d'après expertise et sauf appel au Conseil d'État. Le maximum de
l'indemnité qui peut être réclamée au propriétaire est
fixé par la loi de 1807 à la moitié de la plus-value. On
veut ainsi que les propriétaires conservent par devers
eux un bénéfice certain et qu'ils n'aient par conséquent
jamais à se plaindre de la gestion d'affaires accomplie
pour leur compte par l'État. Enfin, on accorde au propriétaire toute facilité pour se libérer. Il peut en effet
s'acquitter, soit en argent, soit en rente constituée à
4 0/0, soit enfin au moyen d'un abandon d'une partie de
terrain ou de délaissement des terrains à l'occasion desquels la plus-value est demandée.

On a ainsi, d'une façon très libérale, concilié les droits
de l'État et ceux des particuliers.

Nous venons de passer en revue les principaux événements qui peuvent se produire lors de l'exécution des
travaux importants que nécessitent l'ouverture ou les

rectifications de nos routes nationales : expropriation, dommages, occupation temporaire et fouilles, plus-values.

Nous allons maintenant aborder l'étude des règles d'administration au moyen desquelles l'État régit et sauvegarde ce précieux domaine public.

CHAPITRE II

ADMINISTRATION DES ROUTES NATIONALES. — DROITS ET
CHARGES DE L'ÉTAT.

L'Administration est donc chargée de veiller à la
conservation du domaine public. Elle a pour mission
d'en faire respecter l'intégrité, et pour lui faciliter cette
tâche, le législateur l'a armée de pouvoirs considérables
dont elle ne doit user que dans l'intérêt supérieur de la
collectivité. En effet, l'État n'a point l'*usus*, il est lié
lui-même par le caractère d'inaliénabilité et d'imprescriptibilité. Avant l'ordonnance de Moulins de 1566, qui
a déclaré inaliénable le domaine de la couronne, les
souverains ne s'étaient point fait faute de consentir les
aliénations à leur profit personnel et ces concessions
antérieures de 1566 ont fait naître des droits privatifs.
Mais depuis cette époque, aucune disposition n'a pu
être valablement faite et ces principes sont encore plus
nettement établis depuis que la Révolution a établi une
ligne de démarcation bien nette entre le domaine public
et le domaine privé.

Mais l'intérêt général exige que l'on apporte dans certains cas quelque tempérament à cette règle si absolue.
L'Administration est donc autorisée à faire sur le do-

maine public des concessions qui n'ont, celles-là, ni le caractère ni les effets des concessions faites antérieurement à 1566. Ces concessions sont de deux sortes, tantôt, c'est une simple faveur accordée à des particuliers, faveur qui se justifie lorsque, tout en ne créant aucune entrave à l'usage public de la route, elle facilite l'exercice du droit de propriété chez les riverains. Tantôt la concession est accordée dans le but d'assurer le fonctionnement d'importants services publics. Ces deux catégories de concessions méritent d'être distinguées profondément: les premières ont un caractère éminemment précaire ; les secondes, tout en respectant le principe d'inaliénabilité et d'imprescriptibilité, engendrent néanmoins certaines obligations à la charge de l'État.

SECTION I. — Droits de l'Administration. — Concessions précaires et révocables ad nutum.

Dans la vie privée, pour que l'on puisse jouir de son droit de propriété dans toute sa plénitude, il est souvent nécessaire de faire montre de sentiments de conciliation à l'égard de ses voisins. Les procès de murs mitoyens n'ont jamais rien valu. Il en est de même des relations qui peuvent exister entre l'Administration et les riverains.

L'État peut donc être amené à user d'une certaine tolérance toutes les fois que cette tolérance n'est pas de nature à compromettre l'intérêt public. Il en est ainsi pour les autorisations de dépôt de matériaux, de clôture provisoire, saillies et encorbellements. Mais l'État exerce un pouvoir absolu et souverain. Il peut révoquer la concession, *ad nutum*, et les administrés ne sont point fondés à élever la moindre réclamation pas plus en cas de retrait qu'en cas de refus. « Le fait même de percevoir quelques rétributions à l'occasion de ces concessions temporaires ne modifie en rien la nature de cet acte discrétionnaire ; les lois de finances du 16 juillet 1840 et du 20 décembre 1872, qui ont autorisé ces perceptions, ont eu soin de faire cette réserve formelle qui était même inutile étant donnés les principes fondamentaux de la matière » (Laferrière, *Traité de la juridiction adminis- trative*). Il peut, tout au plus, y avoir lieu à action civile en restitution du prix indûment perçu. Mais si l'Admi- nistration exerce un véritable pouvoir discrétionnaire, il ne lui est pas permis d'agir arbitrairement ; il lui est interdit d'user de son droit dans un but autre que celui en vue duquel il lui a été conféré. Ainsi, un préfet ne saurait révoquer une permission de voirie accordée à un particulier, afin, par exemple, de favoriser indirecte- ment un concurrent. C'est commettre un véritable abus de pouvoir que de se servir de sa fonction même, dans un but tout autre que celui en vue duquel elle vous a été conférée et c'est couvrir d'une apparence de légalité des actes manifestement contraires à la justice et à l'équité.

C'est ce que le Conseil d'État, dans l'extension cons- tante de sa jurisprudence sur l'excès de pouvoirs, quali- fie fort judicieusement de détournement de pouvoirs.

Sans doute cette innovation de la juridiction suprême
est hardie, puisque l'on vient en quelque sorte scruter
les intentions secrètes des fonctionnaires et dégager les
véritables motifs de leurs actes, mais on assure de la
sorte aux administrés pleine garantie contre l'arbitraire
dont ils pourraient être victimes. La jurisprudence du
Conseil d'État décide par exemple que les permissions
de voirie nécessaires pour établir les canalisations d'eau
et de gaz dans les sous-sols des routes, bien que discré-
tionnaires par leur nature, ne peuvent être révoquées
que pour des motifs de sécurité publique. Le Conseil a
annulé pour détournement de pouvoirs des arrêtés pré-
fectoraux retirant des permissions de voirie à des particuliers ou à des compagnies qui refusaient d'acquitter
les redevances pécuniaires prévues par les lois de finances (1) ; l'Administration est en effet armée pour poursuivre le recouvrement de ces taxes et elle n'a pas le
droit de recourir à des moyens de contrainte indirects ;
de même, l'Administration ne peut révoquer une concession dans le seul but de favoriser tel ou tel particulier.

Il arrive quelquefois que l'Administration, pour des
motifs peu louables, refuse d'accorder les autorisations
demandées et oppose ainsi la force d'inertie. Dans ce
cas, il y a bien ce que l'on peut appeler un détournement de pouvoirs négatifs, mais, la partie dont l'intérêt

______

(1) Dehaynin, Conseil d'État, 29 novembre 1878.

se trouve ainsi méconnu, ne peut recourir devant le Conseil d'État, car une juridiction n'a pas qualité pour procéder par voie d'injonction vis-à-vis de l'Administration active. La seule garantie réservée à celui qui n'a pas obtenu l'autorisation est d'attaquer toute permission qui serait ultérieurement accordée à des tiers pour le même objet.

Concessions en vue d'assurer un service public.

A côté des concessions purement précaires et qui sont ainsi révocables *ad nutum*, il en est d'autres plus importantes qui exigent un peu plus de stabilité ; de sorte que tout en respectant le principe de l'inaliénabilité du domaine public, il est nécessaire d'accorder au concessionnaire un terme fixe, afin de lui permettre de pouvoir, en toute sécurité, accomplir les travaux projetés.

L'État est amené à faire sur certaines routes nationales des concessions de tramways (loi du 11 juin 1880). Il importe, tout d'abord, de bien préciser quels sont les signes distinctifs auxquels on peut reconnaître un tramway d'avec un chemin de fer d'intérêt local. Le tramway a pour caractère essentiel d'emprunter le sol même de la voie publique sans interrompre la circulation, soit des piétons, si le tramway est à rails saillants, soit des voitures, si le tramway est à rails plats. C'est du reste la définition légale que donne la loi espagnole du 30 novembre 1877. L'incorporation avec la route même est le critérium distinctif et il ne faut tenir compte ni de la largeur de la voie, ni des tracteurs employés. C'est ainsi que la jurisprudence du Conseil d'État soumet au régime administratif des tramways, le prolongement des grandes lignes, conduisant dans les ports et havres les wagons jusqu'au quai et empruntant pour cela le sol même des voies ordinaires (Chemin de fer maritime de Calais-Gare à Calais-Quai). C'est à l'Amérique qu'il convient d'attribuer l'établissement des premiers tramways et c'est de là qu'ils furent importés en France où on ne les connut longtemps que sous le nom de chemins de fer américains. Les tramways, par cela même qu'ils ne nécessitent pas la construction d'une voie spéciale comme les chemins de fer ordinaires, offrent l'immense avantage d'être bien plus économiques et d'une construction technique très simplifiée. Mais ils apportent néanmoins une entrave assez sérieuse à la libre circulation des piétons et des voitures et ils occasionnent souvent de graves et de nombreux accidents.

Il est donc nécessaire d'édicter des règles assez sévères, c'est ce qu'a fait la loi de 1880. Jusqu'à cette date, l'Administration n'avait pu édicter que quelques mesures spéciales à chaque concession et en agissant ainsi, elle usait de son droit de concédant. Faisant une concession sur le domaine public, elle exigeait en retour certains engagements de la part du concessionnaire. Jamais, même avant la loi de 1880, on n'avait contesté la nécessité de l'intervention des pouvoirs publics pour concéder des tramways sur les voies de communication et notamment sur les routes nationales et, en effet, le doute n'était pas possible. Mais en l'absence de dispositions législatives, la jurisprudence administrative était quelque peu hésitante sur la question de savoir quelle était l'autorité compétente. Jusqu'en 1857, elle décida qu'une décision du chef de l'État était nécessaire et suffisante. C'est ainsi que fut concédé le tramway de Paris à Sèvres par décret de 1854. A partir de 1854, la pratique exigea en plus l'enquête préparatoire suivant les formes prévues par la loi du 3 mai 1841. Un avis de la Commission provisoire qui remplaçait le Conseil d'État, consacra cette manière de procéder. Enfin est intervenue la loi du 11 juin 1880 qui fixe définitivement la matière. La concession est faite par l'État lorsque le tramway emprunte une parcelle si petite qu'elle soit du domaine national; aucune concession ne peut être faite qu'après une enquête de commodo et incommodo. L'utilité publique est déclarée par un décret rendu en Conseil d'État sur le rapport du Ministre des Travaux publics et avis du Ministre de l'Intérieur. Nous renvoyons aux textes de la loi pour les points de détail et les mesures de police spéciales.

Par le fait même que le tramway constitue un véritable service public, le législateur n'a pas hésité à reconnaître à l'État le droit de subventionner ces entreprises et en effet, en apportant ainsi un concours pécuniaire à l'initiative privée, il facilite l'usage des routes, en per-

mettant à des moteurs plus rapides que les chevaux,
d'en emprunter le sol. Mais néanmoins, pour prévenir
des abus possibles, certaines restrictions ont été imposées par la loi du 11 juin 1880 qui subordonne l'assis-
tance de l'État à la réalisation de conditions bien nettement arrêtées. « Lors de l'établissement d'un tramway
desservi par des locomotives et destiné au transport des
marchandises en même temps que des voyageurs.l'État
peut s'engager en cas d'insuffisance du produit brut,
pour couvrir les dépenses d'exploitation et 5 0/0 du
capital de premier établissement tel qu'il est prévu par
l'acte de concession et augmenté s'il y a lieu des insuf-
fisances constatées pendant la période assignée à la
construction par ledit acte, à subvenir pour partie au
paiement de cette insuffisance à condition qu'une partie
au moins équivalente sera payée par le département et
les communes intéressées.

La subvention de l'État sera formée :

1° D'une somme fixe de 500 francs par kilomètre
exploité ;

2° Du quart de la somme nécessaire pour élever la
recette brute annuelle, impôt déduit au chiffre de
66.000 francs par kilomètre.

En aucun cas, la subvention de l'État ne pourra élever la recette brute au delà du chiffre de 6.500 francs,
ni attribuer plus de 5 0/0 par an au capital de premier
établissement. »

C'est ainsi que sous l'empire de la loi de 1880 et grâce

au concours financier de l'État, de nombreuses lignes
de tramways ont pu se créer et circulant sur nos belles
routes nationales, sont devenues en quelque sorte de
véritables chemins de fer. Du reste, si l'on veut bien se
rappeler que lors des premières tentatives de locomo-
bilisme à vapeur, on avait songé tout d'abord à utiliser
notre magnifique réseau de voirie (tentative qui échoua
étant donnée l'imperfection des moteurs primitifs), on
est bien amené à reconnaître que la route nationale,
quoi que puissent dire ses détracteurs, est encore appelée à rendre les plus grands services.

De l'alignement.

L'Administration dans sa mission de conservation
du domaine public peut être en conflit avec des propriétaires mitoyens qui invoquent leur droit de propriété. Pour trancher les différends qui peuvent s'élever ainsi, il est nécessaire d'établir une démarcation
bien nette, entre les voies publiques et les propriétés
riveraines qui les bordent. C'est par l'alignement que
l'on détermine la limite qui doit séparer les héritages
possédés par des particuliers et soumis comme tels au
régime du Code civil d'avec le domaine public, régi par
les lois administratives qui lui sont exclusivement propres. On peut donc dire que l'alignement est un bornage
administratif. Nous avons soin de mettre en relief le
mot administratif. En effet, le bornage prévu par le Code
civil est une opération à laquelle on procède en vertu de

titres de propriété et en cas de contestation c'est l'autorité judiciaire qui statue. En matière d'alignement, le bornage résulte d'une décision administrative qui constitue un acte de puissance publique. C'est à tort, suivant nous, que M. Féraud-Giraud croit y trouver les éléments d'une convention tacite, intervenue entre l'État et les riverains, convention qui trouverait sa justification dans les avantages que les riverains retirent de la voie publique, par les droits d'accès et de vue. Il ne peut être question d'une convention car la convention comporte un acte libre de volonté. A première vue, il peut paraître ainsi exorbitant qu'une des parties fixe elle-même les limites de sa propriété. mais il est facile de démontrer qu'il n'y a là qu'une application du principe fondamental de la domanialité publique. L'État ne possédant pas à la façon d'un propriétaire, il n'y a point conflit de droits égaux, mais charge imposée à la propriété privée dans l'intérêt de tous ; voilà pourquoi on désigne cette charge sous le nom de servitude d'alignement. Les articles 544 et 547 du Code civil consacrent cette limitation apportée aux droits de propriété, notamment l'article 537 qui porte que les particuliers ont la libre disposition des biens qui leur appartiennent sous les modifications établies par les lois. Ces modifications sont ou des servitudes de droit civil ou des servitudes légales d'utilité publique. Les premières sont exclusivement régies par le droit civil, qui les distingue en trois classes, bien qu'en réalité les servitudes dérivant de la nature des lieux ne soient pas de véritables servitudes, mais soient une conséquence naturelle et normale de notre régime foncier. Les servitudes légales d'utilité publique fort nombreuses forment-elles aussi le droit commun de la propriété; elles sont établies par différentes lois administratives et sont exercées sans indemnité, sauf dans quelques cas formellement prévus à titre d'exception. Ce principe du défaut d'indemnité pour les servitudes légales d'utilité publique a été l'objet de vives critiques et on s'est souvent étonné que le législateur ait ainsi creusé un abîme entre l'expropriation et les servitudes qui constituent une atteinte évidemment atténuée à la propriété, mais néanmoins quelquefois fort grave encore comme dans le cas de servitudes de reculement.

Nous ne croyons pas que l'on puisse invoquer comme justification des droits rigoureux de l'État, la vieille théorie féodale de la *Directe Universelle*. Pour nous, l'explication la plus simple repose uniquement sur cette idée que les servitudes, si pénibles qu'elles puissent être, n'entraînent pas dépossession matérielle du sol, mais sont simplement une charge imposée à *toute propriété* au même titre que les servitudes dérivant de la nature des lieux. La propriété foncière n'existe que sous déduction de ces charges établies par les textes formels et par conséquent, tout acquéreur prévoyant doit toujours faire entrer en ligne de compte l'existence même des servitudes. Elles se différencient des dommages en ce qu'elles ne sont pas accidentelles et imprévues comme ceux-ci peuvent l'être.

Parmi les servitudes légales d'utilité publique qui pèsent le plus lourdement sur les propriétés, figurent certainement celles qui dérivent de l'alignement. Il faut soigneusement distinguer l'alignement général, mesure d'ensemble qui trace les limites domaniales d'une ou plusieurs voies, et l'alignement individuel qui n'est qu'une application de ce plan d'ensemble.

Les plans généraux d'alignement furent déjà pratiqués sous l'ancien régime. Ordonnance du bureau des finances de la généralité de Paris du 29 mars 1754, arrêt du Conseil du 27 février 1765 pour les routes ; l'arrêt du 16 décembre 1607 était déjà venu le premier réglementer l'alignement individuel et l'arrêt du Conseil du 27 février 1765 n'a fait que confirmer ses dispositions. Ces deux édits ont armé l'Administration d'un double pouvoir : pouvoir préventif, afin qu'aucun riverain ne puisse construire sans autorisation et sans avoir obtenu l'alignement ; pouvoir répressif, puisque tout ouvrage mal construit doit être détruit et qu'une amende peut être prononcée. La loi des 19-22 juillet 1791 a confirmé provisoirement les anciens règlements concernant la voirie ; on a essayé de contester la portée de cette disposition législative, en rappelant que les anciens règlements n'étaient pas toujours exécutoires dans toute la France. En effet, il était, dit-on, généralement admis que les ordonnances n'avaient force de loi qu'à la condition d'être enregistrées par les parlements. Du moins, telle était la prétention de l'autorité

judiciaire et la monarchie ne fut pas toujours assez forte
pour faire triompher une thèse contraire. Aussi a-t-on
soutenu que la loi des 19-22 juillet 1791 ne faisant que
confirmer le statu quo n'avait pas pu étendre le champ
d'application de ces ordonnances. Mais cette affirmation,
que certains arrêts, notamment celui de 1765, n'étaient
exécutoires que dans le ressort des parlements où ils
avaient été enregistrés n'est pas même exacte, car avant
1783, il importait d'établir une distinction entre la loi
d'une part, et l'édit ou arrêt de l'autre. Sans doute, le
principe de la séparation des pouvoirs n'existait pas
encore ; le Législatif et l'Exécutif étaient réunis dans
les mêmes mains, mais les actes émanés du Pouvoir
royal n'avaient pas tous le même caractère. Les uns
étaient de véritables lois, contenant des dispositions
nouvelles, et alors ils devaient, pour être exécutoires,
être enregistrés par les parlements, le droit de remon-
trance étant alors le seul recours contre l'arbitraire du
prince. Mais souvent aussi, les actes de l'autorité royale
relevaient davantage du Pouvoir exécutif en ce sens
qu'ils ne faisaient qu'assurer l'application de dispositions légales déjà préexistantes. Cette distinction très
importante a été formellement soulignée dans un arrêt
de la Cour de cassation du 24 juillet 1834 qui porte que
une ordonnance de 1744 a bien pu devenir obligatoire
sur certains chefs comme émanant du roi, administrateur suprême, mais que, pour les dispositions pénales
nouvelles, il était nécessaire, conformément au droit

public qui était alors en France, qu'elle ait été enregistrée au Parlement de Normandie.

On trouve donc déjà, sous l'ancien régime, le germe de la séparation des pouvoirs, ce principe fondamental des constitutions modernes, et il existait à cette époque entre les ordonnances législatives et les édits ou arrêts des conseils les mêmes différences qui séparent aujourd'hui la loi du règlement d'administration publique, œuvre du Pouvoir exécutif. Pour en revenir au point précis de la discussion, l'édit de 1607 avait été enregistré dans tous les parlements, les dispositions rendues par la suite n'eurent d'autre but que d'en assurer l'application. Mais en admettant même que ces édits n'aient eu sous l'ancien régime qu'une portée relative, il est faux de soutenir que la loi de 1791 ne les a pas généralisés. En effet, ce système est contraire aux principes mêmes de la Révolution française qui a voulu, avant tout, effacer toutes les divisions de l'ancienne France et réaliser ainsi l'unité politique et territoriale. Il faut donc hautement proclamer que tous les anciens règlements sont applicables par toute la France, même ceux qui n'avaient qu'un caractère purement relatif comme les édits rendus pour réglementer les moulins à vent dans les provinces d'Artois et de Picardie. La jurisprudence un instant avait paru hésitante. Elle n'a pas tardé à abandonner une interprétation qui constituait une erreur manifeste (Conseil d'État, 19 avril 1844, Viltart). Si on a renoncé aujourd'hui à discuter la portée de la loi de 1791, on se montre encore néanmoins étonné que cette très importante matière de la voirie n'ait pas été codifiée à nouveau et que l'on soit ainsi obligé de se reporter de ci de là à d'anciens édits, dont la sévérité nécessaire pour l'époque ne cadre plus avec nos mœurs actuelles. Cette loi de 1791 qui ne devait être qu'une loi d'attente semble, dit-on, justifier le vieux dicton qui veut « qu'en France, il n'y ait que le provisoire qui dure » (Aucoc, *Conférence administrative*, tome III, page 72 ; Féraud-Giraud, tome Ier, page 2 ; Serrigny, *Questions et traité de droit administratif*, page 64).

Sans doute, un travail de revision aurait son utilité, mais il n'en faut pas moins reconnaître que ces édits de l'ancien régime sont admirablement rédigés et que, grâce à ces sages dispositions, on a pu efficacement protéger le domaine public contre des entreprises qu'une législation moins ferme et moins vigilante aurait laissées s'accomplir.

Peut-être le législateur actuel, s'il voulait innover, ne serait-il pas en mesure de mener à bien d'un seul trait une œuvre aussi complexe. Quoi qu'il en soit, et laissant de côté l'avenir pour nous limiter au présent, nous allons étudier les règles qui président à la délivrance des alignements, règles qui sont puisées dans l'ancien droit.

**Plans généraux d'alignement. — Formalités.
— Compétence. — Effets.**

L'arrêt du Conseil de 1765 qui prescrivait de dresser les plans généraux d'alignement n'édicte aucune mesure préliminaire d'instruction. C'est évidemment là une grave lacune, puisque l'alignement général peut, dans certains cas, entraîner la dépossession d'un propriétaire riverain. Aussi la pratique administrative s'est-elle formée en ce sens qu'elle fait précéder tout levé de plans de l'enquête prescrite par la loi du 3 mai 1841. On consultera utilement ces textes en ce qui concerne les formalités prévues par le législateur. Ce sont les ingénieurs des ponts et chaussées qui sont chargés de faire les plans, et les instructions ministérielles des 24 octobre 1845 et 22 novembre 1853, leur recommandent de diriger les travaux de manière à ménager le plus possible les droits des particuliers. Le Conseil général des ponts et chaussées examine les projets et leur donne, s'il y a lieu, son approbation. Lorsque les routes nationales sont des traverses de bourgs et villages, le conseil municipal est également consulté.

La loi du 16 septembre 1807 statuant en matière de voirie urbaine soumettait les plans généraux à la sanction du chef de l'État. On ne possède point de texte en ce qui concerne les routes nationales, mais une circulaire ministérielle du 23 juin 1809 a décidé d'appliquer par analogie les dispositions de la loi de 1807, article 52. Nous ne voyons pas bien, pour notre part, comment une simple circulaire ministérielle peut valablement prescrire une semblable formalité, mais, comme c'est une protection accordée aux particuliers et un supplément de garantie, il ne s'est trouvé personne pour en contes-

ter la validité. La pratique administrative s'est formée
en ce sens et d'ailleurs, s'il en était autrement, l'enquête
à laquelle on procède n'aurait plus de raison d'être
puisqu'elle a surtout pour but d'éclairer le chef de l'État
sur l'opportunité de l'homologation.

Ce décret d'homologation constitue un acte de puissance publique et comme tel échappe au Contentieux de
pleine juridiction du Conseil d'État. Mais il ne s'ensuit
pas que cet acte ne soit pas susceptible d'être déféré à
ce grand tribunal par la voie de l'excès de pouvoirs et
ce, par application de la loi du 24 mai 1872. Comme le
dit M. Serrigny, t. 1, p. 35 : « Si l'acte émané de l'autorité exécutive est l'exercice d'un pouvoir discrétionnaire
qui lui est confié, il est de pure administration ; mais
l'omission ou la violation des formes établies par les lois
et règlements suffit en général pour faire passer un
acte de pure administration dans la classe des actes qui
donnent ouverture à la voie contentieuse. » Le Conseil
d'État a nettement posé le principe, dans un arrêt de
1874 (De Grand'maison), où il est dit « que le décret atta-
qué approuvant un plan général d'alignement est un acte
d'administration pris par l'autorité administrative, en
vertu des pouvoirs qui lui sont attribués par l'article 52
de la loi du 16 septembre 1807 (d'après la circulaire de
1809, cet article 52 de la loi de 1807 est également applicable en matière de grande voirie). Que, dès lors, il
n'est susceptible de recours par la voie contentieuse que
pour violation ou inobservation des formalités prescrites
par la loi ».

L'homologation qui donne force exécutoire aux plans généraux d'alignement doit être portée à la connaissance des intéressés par voie d'affiches ou à son de trompe (avis du Conseil d'État du 25 prairial de l'an XIII). Ainsi c'est par mesure de publicité générale que l'homologation est connue, il nous semble que ce devrait être par voie de notification individuelle. En effet, il y a là un acte administratif. Or, les actes administratifs, à la différence des actes règlementaires, doivent faire l'objet de notifications individuelles. Quoi qu'il en soit, le Conseil d'État exige que cette publicité générale ait lieu pour que le plan d'alignement ait toute sa valeur (1888, Bergeraud).

Effets des plans généraux d'alignement.

Si l'on apporte tant de soin et tant de minutie à la confection des plans généraux de l'alignement, c'est que ceux-ci sont appelés à produire d'importants effets. Ils servent d'abord de base à l'alignement individuel, c'est en effet en se reportant à la mesure générale que l'Administration fera les applications particulières et délivrera des alignements. Les terrains non bâtis compris dans l'alignement sont attribués *ipso facto* à la voie. Ces mêmes terrains sont grevés pour l'avenir d'une servitude *non ædificandi*, enfin, les terrains bâtis qui se trouvent être en saillie d'après le nouveau tracé, sont frappés d'une lourde servitude légale d'utilité publique connue dans la langue administrative sous le nom de servitude de reculement. Il se peut enfin que les rectifications apportées à l'élargissement restreignent au contraire la largeur de la route. Dans ce cas, les riverains se trouveraient séparés de la voie par des bandes intermédiaires de terrain, ce qui leur ferait perdre à leur grand préjudice leur droit d'accès. La loi a prévu ce dommage éventuel et elle l'a atténué à l'avance en leur reconnaissant un droit de préemption. Ce sont ces différentes hypothèses, conséquence naturelle des plans généraux d'alignement, qu'il nous faut maintenant étudier.

Dans quelles conditions des terrains non bâtis peuvent-ils être incorporés à la route ?

L'Administration avait cru trouver à un moment donné, dans l'exercice des servitudes de voirie, un procédé commode et peu coûteux pour ouvrir des voies nouvelles sans recourir pour cela à l'expropriation. Cette pratique aboutissait à une véritable confiscation des propriétés privées et supprimait les garanties édictées par les lois de 1810, 1833 et 1841. Le Conseil d'État l'avait implicitement encouragée par divers arrêts. Mais de vives protestations ne tardèrent pas à se faire jour et à la Chambre des députés, le Ministre des Travaux publics fut bien obligé de faire amende honorable et de reconnaître les abus commis par son Administration. En effet, il résulte des principes que nous avons posés au début de cette étude, que la servitude de voirie ne peut naître

que lorsque la voie existe, elle n'est qu'une conséquence, un effet. Il ne peut pas être question d'invoquer
une servitude qui n'existe pas encore pour créer une voie
par des procédés plus économiques. Il faut donc acquérir le sol, à l'amiable ou par voie d'expropriation et une
fois que la route est viable, qu'elle fait partie du domaine public national, elle engendrera les servitudes légales d'utilité publique. Le Conseil d'État, dans plusieurs
arrêts, a reconnu son erreur primitive et il a admis que
les plans généraux d'alignement ne pouvaient entraîner
incorporation des terrains non bâtis que lorsqu'il s'agissait d'une rectification d'une route déjà préexistante
mais ne pouvaient trouver application pour ouvrir une
route nouvelle.

Dans ce dernier cas, il faut avoir recours à l'expropriation. Pour qu'il y ait lieu à application des plans
généraux d'alignement, il faut donc envisager la seule
hypothèse qui puisse se présenter, élargissement d'une
route nationale. Cette incorporation de terrains non
bâtis donne lieu à indemnité. D'après la loi du 16 septembre 1807, c'était les conseils de préfecture qui
étaient compétents pour la régler. Depuis les lois qui
ont transporté à l'autorité judiciaire et ensuite au jury
les attributions qui appartenaient autrefois à la juridiction administrative en matière d'expropriation, le Conseil d'État ne fait point difficulté d'admettre que ces
règles doivent également s'appliquer en cas de dépos-

session, par suite d'alignement général (1). La décision
du jury est précédée de plusieurs formalités dont la
première consiste en un métré fait contradictoirement
par les ingénieurs des ponts et chaussées et un représentant du propriétaire. Puis, le préfet produit le plan
d'alignement devant le tribunal civil qui nomme le
magistrat directeur du jury. Le jugement du tribunal
civil, à l'encontre de ce qui se passe en matière d'expropriation, ne transfère point la propriété. Le sol est in-
corporé *ipso facto* par le seul effet de l'homologation du
plan d'alignement. Il y a donc acte translatif de propriété et il nous semble que pour se conformer à l'article 1er de la loi du 23 mars 1855, on doit faire trans-
crire le décret d'homologation qui opère mutation. Les
droits réels qui peuvent grever cette partie incorporée
sont résolus et les créanciers hypothécaires qui n'ont
plus la faculté de surenchérir sont néanmoins en droit
d'exiger la fixation par le jury de l'indemnité due, ce
qui, par conséquent, revient au même puisque la suren-
chère n'a d'autre but que de faire atteindre le plus haut
prix de l'immeuble.

L'Administration est donc fondée à occuper les terrains ainsi compris dans le plan général d'alignement
sans que le propriétaire puisse s'y opposer, sous prétexte que l'indemnité ne lui a pas encore été payée. La
loi de 1807 parle en effet de l'indemnité à accorder en

____

(1) Avis du Conseil d'Etat, 1er avril 1841.

compensation d'un terrain délaissé et non pas à délaisser. On ne peut donc pas ici, appliquer par analogie les mêmes règles qu'en matière d'expropriation où le propriétaire a le droit de faire obstacle à la prise de possession tant que l'indemnité ne lui a pas été versée (Conseil d'Etat, avis de la Section de l'intérieur, 1826).

Servitude de reculement.

Il se peut que le plan général d'alignement, par suite des limites nouvelles assignées à la route, frappe un immeuble de la servitude de reculement. Cette servitude a pour but d'empêcher que les propriétaires puissent faire des réparations de nature à conserver leur immeuble qui se trouve en saillie. On laisse ainsi s'accomplir l'œuvre du temps. C'est une servitude fort onéreuse et dont la légitimité a été très contestée. Mais on a considéré que l'intérêt général justifiait pleinement cette gêne imposée aux propriétés particulières et que somme toute la perte de jouissance et le dommage n'étaient pas beaucoup plus graves que dans le cas de toute autre servitude légale de droit civil ou de droit administratif. En se plaçant au point de vue des intérêts de l'Administration, il faut considérer que l'État n'use jamais que du sol lui-même, abstraction faite des bâtiments qui y sont édifiés et par conséquent, il est naturel qu'il ne paie que ce dont il a besoin, et qu'il attende alors pour cela le moment où le terrain est arrivé à sa valeur la plus basse. Quoi qu'il en soit, en fait, la servitude est fort onéreuse ;

aussi importe-t-il de prévenir tout arbitraire ; la jurisprudence du Conseil d'Etat, s'inspirant des motifs qui
l'ont déjà guidée sur les règles à observer en matière
d'incorporation de terrains non bâtis, décide que la
servitude de reculement ne peut s'appliquer que lorsqu'il s'agit de modification de tracé et non pas d'ouverture de route nouvelle. De plus, le propriétaire peut
requérir l'application de la loi du 16 septembre 1807,
article 51 et de la loi du 5 mai 1841, article 50, afin d'o-
bliger l'Administration à acquérir la totalité des bâtiments frappés par la servitude lorsque la partie restante
ne conserve plus par elle-même aucune valeur. Cette
acquisition peut avoir lieu à l'amiable ou, en cas de contestation, par devant le jury. Ces actes passés en la forme
administrative sont exempts de droits de timbre et d'en-
registrement.

Ce sont les travaux confortatifs qui sont interdits au
propriétaire d'un bâtiment atteint par la servitude de
reculement. Que faut-il entendre par travaux confortatifs ? — C'est une question de fait laissée à l'appréciation de l'Administration et voilà pourquoi, pour prévenir des discussions ultérieures, la loi oblige tout propriétaire à se pourvoir d'une autorisation pour procéder
aux travaux de réfection. La jurisprudence est assez
indécise pour donner la formule bien nette qui caracté-
rise les travaux confortatifs. Il faut le reconnaître, du
reste, le plus souvent, tout dépend des circonstances.
Un simple badigeonnage peut être confortatif ou non,

suivant la manière dont il aura été exécuté et suivant l'état de conservation de l'immeuble. En parcourant la jurisprudence, on trouve une foule de solutions d'espèces dont l'examen ici serait sans intérêt ; qu'il nous suffise de signaler que la Cour de cassation, juge suprême en matière de petite voirie, est infiniment moins libérale, moins ménagère des intérèts privés que le Conseil d'État qui a compétence en matière de grande voirie. La preuve en est facile car les documents abondent et c'est là un argument décisif à invoquer contre ceux qui proposent la suppression de la juridiction administrative sous prétexte qu'elle rend des services et non pas des arrêts et que les particuliers n'ont à sa barre ni les mêmes garanties ni les mêmes protections que devant l'autorité judiciaire. Pour se convaincre de l'inanité d'une pareille accusation, on n'a qu'à faire un rapprochement entre la jurisprudence de la Cour de cassation et celle du Conseil d'État. Tout d'abord, le Conseil d'État décide que la demande d'autorisation de travaux confortatifs n'est nécessaire que lorsqu'il s'agit de bâtiments « joignant les voies publiques » (Arrêt de 1765). La Cour de cassation, au contraire, s'appuyant sur les termes de l'édit de 1607 qui a surtout en vue des travaux d'embellissement, exige la demande d'autorisation dans toutes circonstances.

De même, le Conseil d'État n'exige pas l'autorisation pour travaux même ayant le caractère confortatif, lorsque ces travaux sont simplement exécutés dans la partie retranchable de l'immeuble, sans avoir pour effet de consolider le mur de face (Conseil d'État, 1843, Jousseran, 5 janvier 1860, Périé). La Cour de cassation, beaucoup plus sévère que le Conseil d'État, a toujours exigé l'autorisation préalable pour tous travaux quelle qu'en soit la nature, exécutés dans la partie retranchable, et elle n'hésite pas à ordonner la démolition et à prononcer l'amende. On le voit donc, la Cour de cassation se montre extrêmement rigoureuse et à ce point de vue, la situation du riverain d'une route nationale est manifestement meilleure que celle du propriétaire riverain d'une dépendance de la petite voirie. C'est là un argument que nous n'oublierons pas de mettre en relief en lui donnant toute sa valeur lorsque nous examinerons les divers projets de déclassement des routes nationales, projets dont quelques-uns aboutiraient fatalement à la suppression complète et radicale de l'élément le plus considérable de la grande voirie.

Alignement individuel.

Les plans généraux d'alignement constituent donc une mesure d'ensemble destinée à déterminer d'une façon générale et *erga omnes* la limite séparative du domaine public et des héritages privés. Pour prévenir toutes difficultés et toute erreur d'interprétation, la loi reconnaît à l'Administration le droit d'en faire des applications individuelles. Les propriétaires sont donc tenus de demander et de rapporter l'alignement, et c'est pour eux la plus sûre des garanties. On est toujours obligé de demander l'alignement dès que l'on veut élever une construction, fût-ce une simple clôture en planches. Cette obligation s'impose même à l'État. Ainsi le Conseil d'État, « Avis du Comité de l'Intérieur du 11 janvier 1848 », a décidé que cette formalité était nécessaire pour tous les édifices domaniaux, qu'ils soient ou non affectés à un service public.

Du moment que la servitude d'alignement n'existe que lorsque la domanialité publique dont elle est la conséquence directe existe elle-même, il faut admettre que l'alignement ne doit pas être nécessairement demandé lorsqu'une route n'est pas encore livrée à la circulation. Nous croyons en effet avoir suffisamment démontré que la domanialité publique n'est pas œuvre de l'Administration, mais résulte de circonstances purement physiques. Si néanmoins le propriétaire qui a construit dans ces conditions sans avoir obtenu l'alignement ne commet pas de contravention, il s'expose pour l'avenir à de sérieux mécomptes. En effet, la route une fois livrée à la circulation, les servitudes de voirie prennent naissance et l'imprudent propriétaire peut être grevé d'une servitude de reculement, ce qu'il aurait pu éviter en demandant l'alignement par mesure préventive.

On doit demander l'alignement même lorsque l'on veut construire en retrait de la voie publique : on évite d'abord une chance d'erreur, de plus dans les villes et bourgs, tout propriétaire est tenu de se clore. Pour les

rues qui dans les bourgs et villages font suite aux grandes routes nationales et qui comme telles sont soumises
au régime de la grande voirie, la question ne peut pas
se poser, car les propriétaires riverains de ces voies sont
astreints à des obligations de police générale appliquées
à des centres urbains. La difficulté n'existe donc que
pour les riverains des routes nationales, en dehors des
traverses des villes. Le Conseil d'État se montre à cet
égard extrèmement conciliant et s'appuyant sur le texte
même de l'édit de 1765 qui a surtout pour effet de réprimer
les usurpations sur le domaine public, il a décidé à maintes reprises que ce danger n'existant pas, en cas de construction en retraite, il n'y avait pas lieu de demander
l'autorisation (Conseil d'État, 1824, Legros ; 1854,
Loriot).

Si les plans généraux d'alignement servent de base
pour la délivrance de l'alignement individuel, il ne s'ensuit pas néanmoins qu'en leur absence, ce dernier ne
puisse être donné. L'arrèt de 1765 a prévu le cas pour
les routes nationales, en spécifiant que l'alignement serait alors donné en cette hypothèse après rapport technique des agents du roi préposés aux grands chemins.—
L'Administration s'inspirant des dispositions de l'édit
de 1765 n'avait point craint de s'arroger des droits exor-
bitants. C'est ainsi que les préfets n'hésitaient pas à délivrer des alignements modifiant les limites d'une route
et le Conseil d'État avait indirectement encouragé cette
pratique. Mais devant les vives réclamations qui se pro-

duisirent et à partir de 1852, le Conseil d'État changea de jurisprudence. Il décida que le préfet ne pourrait rien changer aux limites d'une route et n'avait pouvoir que de délivrer les alignements en se conformant aux limites actuelles (Conseil d'État, 25 mars 1867, Valleran). Cette solution est évidemment la seule qui puisse cadrer avec les principes généraux en matière de domanialité publique tels que nous les avons exposés.

Autorité compétente pour délivrer l'alignement. — Formes.

Il importe d'établir une distinction pour le cas où il existe des plans généraux d'alignement et celui où il n'y en a pas. La loi du 5 mai 1864 a reconnu aux sous-préfets le droit de délivrer les alignements sur les portions de routes nationales comprises dans leur arrondissement toutes les fois qu'il existait un plan général d'alignement. Les préfets ont seuls compétence, lorsqu'il n'y a point des mesures d'ensemble auxquelles on puisse se reporter. Sous l'ancien régime, c'était aux trésoriers de France qu'il appartenait de délivrer les alignements. — Sous la Révolution, ces attributions passèrent aux administrations de département et les préfets en ont hérité.

Les représentants du pouvoir central ont également qualité pour délivrer des alignements dans les rues des villes, bourgs et villages qui font suite aux routes nationales, mais dans ce cas, ils sont tenus de demander l'avis du maire toutes les fois que l'alignement à donner s'applique à un immeuble d'angle situé à l'intersection d'une grande route et d'une voie urbaine. Mais cet avis est purement consultatif pour le préfet ; néanmoins, le maire peut en référer au Ministre de l'Intérieur qui saisira de la question son collègue des Travaux publics, lequel en sa qualité de supérieur hiérarchique du préfet, peut lui imposer une détermination. Si l'avis du maire n'entraîne pas forcément la décision du préfet, il n'en est pas moins obligatoire et le préfet commettrait un excès de pouvoir en ne le provoquant pas ; mais, si le maire refuse de le donner et fait ainsi preuve d'une négligence préjudiciable à l'intérêt public, le préfet peut passer outre en constatant dans son arrêté que le maire consulté a refusé de répondre.

Nous ne croyons pas utile d'examiner en détail les formalités nécessaires pour obtenir l'alignement, nous renvoyons pour cela à des manuels de simple pratique et nous arrivons à l'étude bien plus intéressante des voies de recours qui peuvent être ouvertes aux particuliers en cas de refus de la part de l'Administration ou de délivrance d'un alignement entaché d'erreur.

Voies de recours.

Par cela même que tout propriétaire riverain d'une voie publique est tenu de demander l'alignement, l'Administration est obligée de le lui accorder, la deuxième proposition étant le corollaire forcé de la première. En effet, refuser l'alignement, c'est porter atteinte au droit de jouissance, à l'*usus.* un des attributs du droit de pro-

priété et par conséquent au droit de propriété lui-même.
Du moment qu'il s'agit de la violation d'un droit privé
et non pas seulement d'un intérêt froissé, il y a matière
à recours par la voie contentieuse. Pourtant, la jurisprudence du Conseil d'État d'ordinaire si libérale lorsqu'il s'agit de protéger les particuliers contre l'arbitraire administratif se montre quelque peu hésitante.
Le Conseil d'État a cru trouver un expédient juridique
pour concilier le désir qui l'anime de sauvegarder la
propriété privée et le respect qu'il professe pour la séparation des compétences entre l'Administration et la
juridiction. L'article 7 du décret du 2 novembre 1864
décide que lorsque les Ministres sont sollicités de statuer sur des recours contre les décisions des autorités
inférieures, ils sont tenus de le faire dans un délai de
quatre mois, sinon la partie plaignante peut considérer
sa demande comme rejetée et se pourvoir alors devant
le Conseil d'État. On a cru pouvoir faire une application
de ce texte au cas qui nous occupe. Le propriétaire,
victime d'un injuste refus d'alignement n'a, dit-on, qu'à
se pourvoir devant le Ministre des travaux publics, et
si dans les quatre mois, le Ministre n'a pas statué, il y
aura lieu à se pourvoir devant le Conseil d'État. C'est la
théorie qui a été admise par ce grand tribunal (1). « Dans
ce cas, disait le Commissaire du gouvernement, M. Aucoc, le refus de statuer du préfet et le refus de statuer
du Ministre, ne font qu'un (2). » M. Laferrière criti-

(1) Hervé, 6 mars 1869.
(2) Laferrière, *Traité de la juridiction administrative*, t. II, p. 431.

que à juste titre cette jurisprudence et tout en reconnaissant qu'il y a là une situation fâcheuse, puisque
« l'incorrection administrative prend le caractère d'un
véritable déni de justice et que l'on est tenté d'y voir un
véritable excès de pouvoir », il fait observer que l'article 7 ne vise que le cas où le Ministre a négligé de statuer sur des recours formés contre des décisions émanant d'autorités subordonnées. Or, en l'espèce, il n'y a
justement point de décision, puisque c'est de cela dont
on se plaint. Il faut donc écarter, dit-il, l'application
du décret du 2 novembre 1864. D'un autre côté, il est
difficile d'admettre l'existence d'un excès de pouvoir
négatif puisque la juridiction n'a point qualité pour
forcer même indirectement l'Administration active à
accomplir des actes auxquels elle se refuse. Mais à
notre avis de ce que le recours contentieux ne peut pas
être porté devant les tribunaux administratifs, il ne s'ensuit pas que les particuliers soient désarmés. Il y a atteinte, nous le répétons, à l'exercice légitime du droit de
propriété et par conséquent l'autorité judiciaire saisie
pourra prononcer les dommages-intérêts en vertu du
droit commun (1). Cette solution qui nous paraît inat-
taquable a néanmoins été combattue à plusieurs reprises par le Tribunal des conflits qui a introduit en la matière de subtiles distinctions. Dans la pratique, le refus
d'autorisation de la part de l'Administration est souvent
inspiré par des considérations diverses. Par exemple, on

____

(1) Art. 1382 du C. civ.

refuse de délivrer l'alignement afin d'éviter plus tard les frais d'une expropriation lorsque le percement d'une route est à l'état de projet et que de grands travaux sont imminents. Dans ce cas, le Tribunal des conflits a jugé que le refus d'alignement constituait un dommage, conséquence de l'expropriation survenue ultérieurement et il laisse au jury le soin de fixer l'indemnité à allouer.

Si l'exécution des travaux publics est abandonnée par suite d'un changement de projet ou d'une modification de tracé, le Tribunal des conflits estime qu'il y a là dommage causé par les travaux publics et il attribue compétence au conseil de préfecture pour l'apprécier, conformément aux dispositions de la loi du 28 pluviôse de l'an VIII. Cette jurisprudence est très critiquable. Comme le fait remarquer M. Christophle, *Traité des travaux publics*, 2ᵉ édition, il ne peut être question d'un dommage qui serait la conséquence d'un travail public, puisque précisément ce travail n'a pas été exécuté. Nous n'hésitons pas pour notre part à admettre qu'en cas de refus d'alignement, lorsque ce refus est de nature à porter un grave préjudice aux propriétés privées, les tribunaux judiciaires sont compétents à allouer les indemnités, car la délivrance de l'alignement constitue une obligation de la part de l'Administration et que toute obligation en droit civil, non exécutée, peut conduire à des dommages-intérêts compensatoires.

Il faut maintenant examiner le cas où l'alignement a bien été délivré, mais où une erreur a été commise par

l'autorité compétente. Le propriétaire de bonne foi a
construit sur la voie publique. On ne peut mettre en
doute que la démolition « de la besogne mal plantée »
ne s'impose, car le principe de l'inaliénabilité du domaine public est absolu, et l'État lui-même ne peut se
retrancher derrière l'erreur commise par ses agents. Il
y a donc bien entendu réparation à accorder aux propriétaires ainsi lésés et « à ce point de vue en France,
malgré toutes les affirmations contraires, on peut dire
que les intérêts privés sont mieux garantis que dans la
plupart des législations étrangères, notamment en An-
gleterre où tous les actes faits au nom de l'État sont
présumés émanés d'un pouvoir irresponsable, réserve
faite de la responsabilité personnelle des fonctionnaires.
Aussi les fonctionnaires anglais ont-ils des traitements
qui nous paraissent fort élevés et qui en réalité comportent une sorte de prime d'assurance contre les actions
civiles qui leur sont intentées. En France, on a tendance
à décharger le fonctionnaire qui en principe était responsable et nous admettons en échange le recours
contre l'État (1) ». Le riverain lésé par une délivrance
d'alignement erroné et obligé de démolir sa maison peut
recourir contre l'État et ce sont les tribunaux administratifs qui sont seuls compétents, et en effet, il y a là un
acte administratif à apprécier parce que la faute commise n'en change en rien la nature juridique. Par con-

____

(1) Laferrière, *Traité de la juridiction administrative.*

séquent, en vertu du principe de la séparation des pouvoirs, les tribunaux judiciaires ne peuvent connaître d'un acte d'administration. La jurisprudence du Conseil d'État est du reste formelle à cet égard et admet que toutes les fois que l'État est poursuivi en responsabilité pour fait de ses agents, c'est aux tribunaux administratifs qu'il appartient d'en connaître et ce n'est qu'à titre exceptionnel, en vertu de certaines lois spéciales, que les tribunaux judiciaires peuvent être appelés à statuer.

Des édifices menaçant ruine.

Il rentre aussi dans le rôle de l'Administration d'assurer non seulement l'intégrité matérielle du domaine public mais encore de pourvoir à la sûreté des personnes qui circulent sur les routes. Elle a donc le devoir de prévenir la chute des édifices qui menacent ruine. Le Conseil d'État, se fondant sur les attributions générales de police que possède le préfet en matière de grande voirie, n'a pas hésité à l'investir du droit de prescrire la démolition des édifices menaçant ruine. Nous ne pensons pas que les sous-préfets aient compétence dans leur arrondissement pour faire consolider ou démolir des immeubles suspects. Le décret du 13 avril 1861 sur la déconcentration administrative reste muet et la loi du 4 mai 1864 n'attribue au sous-préfet compétence qu'en ce qui concerne la délivrance d'alignement.

Lorsqu'il est avéré que le bâtiment menace ruine, le préfet averti par le service des ponts et chaussées fait faire un procès-verbal par le commissaire de police, puis il notifie au propriétaire un arrêté lui prescrivant ou de réparer la maison ou de la démolir dans un temps donné. En même temps, cet arrêté contient la désignation d'un expert qui a pour mission de reconnaître l'état de l'immeuble ; le propriétaire doit désigner de son côté un autre expert ; puis l'expertise faite, intervient un nouvel arrêté, définitif. Toutes ces formalités ne sont pas exigées si le péril est imminent. Dans ce cas, le préfet peut, sous sa responsabilité, ordonner la démolition de la maison menaçant ruine, sauf au propriétaire lésé à apporter plus tard la preuve que la mesure ne s'imposait pas. On retombe alors dans l'hypothèse que nous avons examinée plus haut en traitant de la responsabilité de l'État pour faits de ses agents. Aussi est-il rare dans la pratique de voir des préfets prescrire une pareille mesure. Généralement, on se contente d'enjoindre au propriétaire d'étayer provisoirement jusqu'à ce que l'expertise contradictoire ait eu lieu. Si, sauf le cas de péril public, les formalités ci-dessus mentionnées n'étaient pas observées, il pourrait y avoir lieu à recours pour excès de pouvoirs devant le Conseil d'État. Si le préfet au contraire a rigoureusement observé toutes les formes, le propriétaire qui critique l'opportunité de la mesure ne peut qu'en appeler au Ministre, supérieur hiérarchique. Ce sont deux déclarations royales du 18 juillet 1729 et du 18 août 1730, encore en vigueur de nos jours, qui règlent les formalités requises

pour la mise en demeure adressée aux propriétaires.
On peut en effet considérer qu'elles ont été pleinement
confirmées par la loi des 17-22 juillet 1791.

Accessoires des routes. — Fossés.

Au point de vue technique, il importe qu'il existe
des fossés parallèlement aux routes afin d'assurer le
libre écoulement des eaux et de prévenir ainsi les dégradations qui se produisent à la suite des neiges et des
pluies. En même temps, ils servent à accentuer la ligne
de démarcation qui sépare la route des propriétés riveraines. Aussi, l'ancien régime qui avait compris toute
l'utilité de ces ouvrages accessoires est-il riche en prescriptions de toutes sortes destinées à empêcher toute
dégradation. La première en date est un arrêt du 26 mai
1705, qui prescrit de border les routes d'assez larges
fossés. Leur largeur fut encore augmentée pour les
grands chemins royaux par un arrêt du Conseil du
3 mai 1720 qui pose le principe de l'entretien obligatoire à la charge des riverains. La loi des 9-19 ventôse
de l'an XIII décida que le curage des fossés serait désormais à la charge de l'État, mais le décret du 16 décembre 1811, revenant sur cette précédente disposition, dis-
posa à nouveau que les riverains auraient mission de
les entretenir. Cette servitude fut de tout temps l'objet
de vives réclamations, aussi, le décret de 1811 fut-il
très mal accueilli par l'opinion publique et la loi du

12 mai 1825 déchargea les riverains en remettant le curage des fossés à la charge de l'État.

Aujourd'hui, il n'existe aucun doute en ce qui concerne le premier établissement des fossés, tout le monde reconnaît qu'il est à la charge de l'État pour les routes nationales. De ce que l'État a toujours supporté les frais de premier établissement des fossés, il résulte qu'il existe à son profit une présomption de propriété, présomption qui a été consacrée par le décret du 16 décembre 1811 qui reconnaît à l'État la propriété des arbres qui sont plantés en dedans des fossés. Mais, cette présomption est une présomption *juris tantum*. Il peut donc y avoir une question de propriété à débattre devant les tribunaux civils, mais, si par suite de l'alignement le fossé est compris dans la route, il ne peut plus être question pour le propriétaire riverain que d'une indemnité pécuniaire. « Comme administrateur, le gouvernement fixe la limite et comme personne privée, il défend à la question de propriété et à l'estimation de la valeur du terrain » (Serrigny, *Traité de l'organisation administrative*, tome II). Un point beaucoup plus délicat et plus controversé est de savoir si la servitude de jet de pelle existe encore.

La loi du 12 mai 1825 a mis à la charge de l'État l'entretien et le curage des fossés qui sont les dépendances des routes nationales. Mais, un doute s'est élevé sur la portée de cette loi ; avant elle, les riverains étaient tenus et de curer les fossés et de recevoir sur leur sol les éjections. La loi de 1825 les a déchargés de la première obligation. Faut-il dire qu'elle a supprimé également la seconde servitude? Telle est la question qui se pose. M. Féraud-Giraud prétend que la loi de 1825 doit être entendue dans un sens très restreint et que le propriétaire riverain doit recevoir le rejet des matières qui sont extraites des fossés et il ajoute que la réforme de 1825, s'inspirant beaucoup plus des intérêts de la grande voirie que de ceux des riverains, n'a eu d'autre but, en mettant le curage à la charge de l'Administration, que d'assurer cette opération. Que, par conséquent, les riverains ne sont point dispensés de la seconde servitude corollaire de la première, que d'ailleurs, pour supprimer une servitude établie par une loi, il faut un texte exprès. Or, les dispositions mêmes de la loi de 1825 ne permettent pas de prétendre que l'on ait du même coup supprimé toutes les obligations des propriétaires riverains. M. Féraud-Giraud s'appuyant en outre sur l'opinion de M. Doyat affirme que cette servitude est beaucoup moins onéreuse qu'elle ne le paraît à première vue, parce qu'en effet, la plupart des matières extraites des fossés sont des matières végétales constituant par elles-mêmes un excellent engrais. Nous pensons que l'on peut répondre victorieusement à M. Féraud-Giraud en se plaçant à la fois sur les deux terrains qu'il a choisis lui-même. Au point de vue juridique, la loi de 1825 a été surtout rendue afin de faire taire les mécontentements qu'avait suscités le décret de décembre 1811. Sans doute on a tenu un large compte de l'intérêt de la grande voirie, mais on a eu surtout pour but de supprimer une lourde servitude. Or, le jet de pelle est évidemment ce que les propriétaires riverains supportent le moins aisément, car malgré les affirmations optimistes de MM. Féraud-Giraud et Doyat, la décharge des boues et immondices n'est certes point faite pour améliorer les propriétés.

La jurisprudence classe parmi les contraventions de grande voirie, de la compétence du conseil de préfecture, les dégradations aux fossés des routes, le comblement des fossés, les coupures pratiquées à l'effet d'établir un passage direct entre la propriété et la route.

Bien qu'on ait ainsi pris la précaution d'établir des fossés le long de nos grandes routes, il peut arriver qu'en cas de pluies exceptionnelles, ils soient insuffisants pour assurer cet écoulement anormal. Aussi la plupart des anciens règlements édictent-ils, que les propriétés riveraines seront tenues, si besoin est, de recevoir les eaux de la route. C'est ainsi qu'une ordonnance du bureau des finances, du 29 mars 1754, fait défense à tout propriétaire dont les héritages sont en contre-bas des routes, d'exécuter tous travaux, de nature à empêcher l'écoulement. Cette disposition a été reproduite dans diverses ordonnances, notamment dans celle du 30 avril 1773. Toutes ces dispositions ont encore été confirmées par la législation révolutionnaire. On se trouve donc en présence d'une règle qui, comme le fait observer M. Féraud-Giraud, est en contradiction absolue avec l'article 640 du Code civil. En effet, d'après notre droit privé, les fonds inférieurs ne sont tenus de recevoir les eaux des fonds supérieurs qu'à la condition que la main de l'homme ne soit jamais intervenue. Or, la route est au premier chef un travail de la main de l'homme et rien n'est plus facile que de régler à l'avance l'écoulement des eaux en aménageant des pentes à cet effet. Mais, il faut répondre que le Code civil régit les rapports de propriétés privées à propriétés privées et ne trouve point, par conséquent, d'application en matière de servitudes légales et d'utilité publique. C'est donc à bon droit que l'Administration, s'appuyant sur les anciens textes, exerce cette servitude. Mais l'Administration, en aucun cas, ne peut aggraver la situation des riverains; par exemple, il lui est absolument interdit de faire des travaux ayant pour but de réunir en un point donné une quantité d'eau considérable à déverser sur un héritage, et d'en exonérer les autres. Le fait, par des propriétaires riverains, de s'opposer au libre écoulement des eaux pluviales constitue une contravention de grande voirie, jugée comme telle par le conseil de préfecture.

Plantations d'arbres sur le bord des grandes routes.

Il a été reconnu utile de planter des arbres le long des grandes routes : pour donner en été de l'ombrage aux voyageurs, et en hiver pour indiquer la route en cas de neige. On avait même pensé au début pouvoir faire des plantations d'arbres fruitiers : cette idée a été reprise de nos jours, mais nous ne croyons pas qu'elle puisse être adoptée avec succès, le sol ne se prêtant pas à cette culture toute spéciale. Le premier édit sur la matière est de 1520, on retrouve depuis d'autres actes du pouvoir royal qui renouvelèrent la prescription, nous citerons ceux de février 1522, de janvier 1552. Un arrêt du Conseil du 3 mai 1720 enjoint à tous les propriétaires d'héritages, tenant et aboutissant aux grands chemins, de les planter d'ormes, hêtres, châtaigniers, *arbres fruitiers* ou autres arbres suivant la nature du terrain, à la distance de 30 pieds l'un de l'autre et à une toise au moins du bord extérieur du fossé des dits grands chemins et de les armer d'épines. Cet arrêt édictait des peines : pour la première fois l'amende, et pour la seconde fois, le fouet. Ce même arrêt du Conseil décidait que si les riverains n'obéissaient pas aux prescriptions ci-dessus énoncées, les seigneurs ayant droit de voirie pourraient faire les plantations en leur lieu et place. On peut se demander si l'obligation de planter le long des routes nationales existe encore pour les riverains. On a essayé de contester la légalité du décret de décembre 1811 qui réédicte cette obligation, mais aujourd'hui, la plupart des auteurs sont d'accord et le doute n'est plus permis. D'après les anciens règlements, les riverains étaient tenus de planter des arbres sur leur propre sol. La loi du 9 ventôse de l'an XIII, article 2, prescrivit au contraire de faire les plantations sur le sol de la route, mais le décret de 1811 est revenu à l'ancienne législation et la loi du 12 mai 1825 n'a innové en rien. De tous ces textes, en apparence obscurs, se dégagent donc nettement deux propositions : 1° les riverains sont tenus de planter des arbres, 2° ils doivent le faire sur leur propre terrain (1). Si les riverains se refusent à accomplir cette obligation, ils s'exposent à une amende et l'Administration a le droit de faire procéder à leurs frais à la plantation. Quant au nombre et à l'essence des arbres, il est impossible de les déterminer à l'avance par mesure législative. C'est au préfet qu'il appartient de prendre à cet égard les arrêtés nécessaires, mais il est tenu de se renfermer entre deux limites extrêmes. Il ne peut pas permettre des plantations à moins d'un mètre du bord extérieur de la route, ni autoriser les riverains à reculer les plantations réglementaires à plus de six mètres. Cette bande de six mètres, à compter de la crête extérieure, constitue donc la zone sur laquelle s'exerce la servitude de plantation.

Propriété des arbres plantés.

Par suite des divers revirements qu'a subis la législation en la matière, il peut être fort difficile d'établir la propriété des arbres ainsi plantés. A première vue, la question ne paraît guère avoir d'importance, puisque tant que la route existe, ces arbres sont frappés d'une véritable indisponibilité, mais il faut prévoir le cas du

(1) Dufour, tome IV, n° 203 ; circulaire du Directeur général des Ponts et Chaussées du 16 novembre 1826.

déclassement de la route nationale, il peut alors être utile de savoir qui est propriétaire, de l'État ou du riverain. Après de nombreuses hésitations et de subtiles distinctions qui provenaient de la multiplicité même des dispositions législatives, la jurisprudence est aujourd'hui fixée et nous nous contenterons d'exposer les règles qui aujourd'hui ne sont plus contestées, sans examiner à nouveau de vieilles controverses n'ayant plus qu'un intérêt historique.

Il est aujourd'hui admis que les arbres plantés sur le sol des routes nationales sont présumés appartenir à l'État sauf aux tiers intéressés à apporter la preuve contraire. Le décret du 16 décembre 1811 n'admettait pas la possibilité d'une preuve contraire et il établissait ainsi en faveur de l'État une présomption de propriété *juris* et *de jure*. La loi du 12 mai 1825, article 1er, reconnaît aux particuliers le droit de démontrer que les arbres ont été plantés par eux sur les routes, soit en vertu des anciens règlements, soit en vertu de la loi du 9 ventôse de l'an XIII et qu'ils sont par conséquent leur propriété. La présomption légale en faveur de l'État n'est donc plus que *juris tantum*. Quant aux arbres plantés sur le sol des terrains en bordure de la route ils appartiennent aux riverains sans que l'État puisse être admis à faire la preuve contraire, car le décret du 16 décembre 1811 a voulu mettre un terme à des contestations interminables et il a formellement attribué aux propriétaires riverains la propriété des arbres plantés sur leurs fonds sans que qui que ce soit puisse élever la moindre réclamation.

C'est à l'autorité judiciaire qu'il appartient de statuer sur la question de propriété. La loi du 12 mai 1825 est formelle à cet égard. Comme nous l'avons dit plus haut, c'est surtout lorsqu'il y aura déclassement de la route nationale, que ces délicates contestations seront soulevées.

Le législateur ne s'est pas contenté d'imposer cette servitude aux riverains, il a voulu que l'œuvre fût durable et il a prescrit des peines contre tous ceux qui abîmeraient ces plantations. Aux termes de la loi du 29 floréal de l'an X, c'est le conseil de préfecture qui est compétent. La loi du 9 ventôse de l'an XIII et le décret du 16 septembre 1811 ne font que renouveler ces dispositions. Il faut remarquer qu'il y a lieu d'appliquer encore des anciens règlements.

Les propriétaires qui auront arraché ou détérioré les arbres plantés sur leurs terrains, sans avoir demandé l'autorisation préalable, doivent être condamnés à une amende équivalant à trois fois la valeur des plantations détruites. S'ils ont mal observé les règlements administratifs et s'ils n'ont pas fait leurs plantations suivant l'alignement donné, ils sont passibles d'une amende de un franc par pied d'arbre sans compter les frais matériels de remplacement. Si les plantations ont été faites sans autorisation à moins de six mètres, l'amende est de cinq cents francs. Enfin, citons seulement pour mémoire

l'arrêt du Conseil d'État du 16 décembre 1759 qui condamne à des amendes assez sévères les pâtres qui ont laissé leurs troupeaux se répandre sur les bords des grands chemins plantés d'arbres. Nous verrons plus tard, lorsque nous examinerons les pouvoirs de la juridiction administrative en matière de répression des contraventions de grande voirie, que toutes les fois que, outre les condamnations pécuniaires, certaines circonstances mettent le délinquant à même d'encourir une condamnation à la prison, le conseil de préfecture n'est plus compétent pour ordonner l'emprisonnement, c'est à l'autorité judiciaire de prononcer. Comme le dit M. Serrigny (*De l'organisation administrative*, t. II, n° 686), « les tribunaux administratifs ne peuvent pas pronon-
« cer l'emprisonnement parce que les lois, loin de leur
« donner ce pouvoir, le leur refusent et parce que la li-
« berté doit être placée sous la sauvegarde des corps
« judiciaires et non sous la volonté des corps adminis-
« tratifs amovibles, jugeant sans formes, sans publi-
« cité, sans prétoire. »

Grâce aux mesures sévères prises par le législateur, les plantations d'arbres sont encore respectées de nos jours, et contribuent ainsi à l'agrément et à l'embellissement de nos grandes voies publiques.

Servitude d'essartement.

Si la plantation d'arbres sur le bord des routes ou dans une zone circonvoisine est chose utile, il pourrait se faire à l'inverse que le trop grand ombrage fût nuisible à la bonne conservation de la route. Aussi a-t-on imposé aux propriétaires des forêts qui bordent les routes une servitude d'élagage connue dans la pratique administrative sous le nom de servitude d'essartement. On poursuit aussi un autre but : assurer la sécurité des voyageurs en empêchant que des broussailles et des arbres trop rapprochés de la route ne puissent servir d'embuscade à des détrousseurs de grands chemins. C'est dans l'ordonnance des Forêts d'août 1669, que l'on trouve formulée l'obligation d'essarter. « Ordonnons que dans six mois, du jour de la publication des présentes, tous bois épines et broussailles qui se trouveront dans l'espace de 60 pieds ès-grands chemins, servant au passage des coches et carrosses publics, seront essartés et coupés en sorte que le chemin soit libre et plus sûr. » D'autres dispositions ultérieures n'ont fait que reproduire cette première prescription.

Il est à noter que cette servitude s'impose aussi bien à l'État qu'aux particuliers. Pourtant, l'Administration des forêts ne l'a pas toujours observée à la lettre et elle se fondait pour cela sur ce que cette mesure avait surtout pour but d'assurer la bonne conservation de la route et que par conséquent toutes les fois qu'il était reconnu par les ingénieurs que la proximité des massifs d'arbres n'était pas de nature à amener des dégradations, les prescriptions de l'édit de 1669 n'avaient plus lieu d'être observées; mais le Conseil d'État, s'inspirant au contraire de considérations de sécurité publique, émit à plusieurs reprises des avis favorables à l'observation rigoureuse de l'ordonnance de 1669. L'ordonnance de 1669 décide que l'essartement doit avoir lieu dans une zone de 60 pieds des chemins, mais quel doit être le point de départ de cet intervalle ? Un avis des Comités de l'Intérieur et des Finances du Conseil d'État du 18 novembre 1824 a décidé que cet essartement doit s'entendre sur 20 mètres de largeur sur chaque côté du bord extérieur de la route.

C'est au préfet, administrateur de la grande voirie, qu'il appartient de prescrire l'exécution de l'ordonnance de 1669. M. Cotelle attribue ce droit à l'Administration des forêts et il se fonde sur ce que le texte de la matière est une ordonnance sur les eaux et forêts (1). D'autres auteurs, MM. Féraud-Giraud, Gillon et Stourm, professent au contraire une opinion opposée et la pratique administrative leur donne complètement raison.

La servitude d'essartement comporte-t-elle un droit à indemnité. Des auteurs ont prétendu que oui. Nous ne voyons pas pour notre part sur quel texte ils peuvent se fonder, car l'ordonnance de 1669 est absolument muette. Ce n'est qu'exceptionnellement que l'établissement d'une servitude légale d'utilité publique peut donner lieu à indemnité et, dans ce cas, il faut un texte formel. C'est ce qui arrive pour l'établissement des servitudes de halage, le long des fleuves et rivières déclarés

______

(1) *Traité de droit administratif*, t. III, n° 217.

ultérieurement navigables (décret du 22 janvier 1808).
Nous ne possédons aucun texte de ce genre en matière
de servitude d'essartement, il faut donc se reporter aux
principes généraux qui comportent la gratuité absolue.

Excavations près des routes: caves, puits, carrières.

Les excavations à proximité des routes présentent
un grave danger, elles peuvent amener des effondre-
ments de la chaussée. Aussi, l'Administration s'est-elle
de tout temps préoccupée de fixer les distances qui
doivent séparer la route de ces fouilles. On trouve dans
l'ancien régime de nombreux documents de ce genre.
On peut citer les ordonnances du 14 octobre 1677, les
arrêts du Conseil des 14 mars 1741, 5 avril 1772,
15 septembre 1776, certaines ordonnances du bureau
de finances de Paris et enfin la déclaration du roi
de 1780.

Aujourd'hui, tous ces règlements ont perdu une
grande partie de leur utilité depuis que sont intervenues
des lois réglementant l'exploitation des mines et carrières ; on ne trouverait donc à appliquer les anciens
édits que dans des cas extrêmement restreints. D'après
la déclaration du roi du 17 mars 1780, la distance qui
doit séparer la route des excavations est de 30 ou 32 toises, mais l'autorité administrative peut toujours, si
l'excavation n'est pas de nature à compromettre la sécurité publique, accorder aux propriétaires riverains le
droit de creuser plus près de la route. Toutes ces prohi-

bitions sont sanctionnées par différentes pénalités mentionnées dans ces règlements. Nous examinerons plus tard quels sont les tempéraments que notre législation moderne a apportés à cette réglementation véritablement draconienne, en permettant aux tribunaux (1) d'abaisser dans une large mesure le taux des amendes.

Répression des contraventions de grande voirie.

L'Administration a donc pour mission, nous l'avons vu, de prévenir les usurpations qui peuvent être commises sur le domaine public. Elle prévient tout empiétement, en délivrant des alignements qui constituent la ligne séparative du bien public et des héritages privés. Mais il ne suffit pas de prévenir, il faut aussi pouvoir réprimer lorsque des usurpations ont été commises ou que des dégradations ont été causées ; c'est l'office de la juridiction administrative. On a beaucoup critiqué cette attribution de compétence et on a prétendu que les tribunaux judiciaires seuls devaient prononcer puisque, dans l'espèce, de véritables condamnations pénales sont encourues ; mais, il est absolument inexact d'attribuer, comme on le fait, un caractère pénal au contentieux de la grande voirie, jamais en effet les conseils de préfecture ne prononcent la peine corporelle de l'emprisonnement, ils ne peuvent que condamner à des amendes ; or, l'amende par elle-même ne suffit pas pour imprimer

(1) Conseils de préfecture.

le caractère correctionnel à une condamnation. Comme
le dit fort bien M. Laferrière « cette juridiction spéciale
est administrative, parce qu'elle se rattache étroitement
à la police et à la conservation du domaine public. Elle
a pour but d'assurer l'intégrité de ce domaine, son affectation exclusive aux usages que la loi lui a assignés,
la réparation des dommages qui lui sont causés ; c'est
pourquoi le législateur de la grande voirie se préoccupe
moins des personnes que des choses, à l'inverse de la
législation pénale dont l'objet essentiel est d'infliger des
peines aux délinquants ».

Du reste, il suffit de se rappeler ce qui s'est passé
pendant la Révolution pour que cette attribution de compétence à la juridiction administrative soit pleinement
justifiée. Le droit révolutionnaire en effet avait laissé
aux corps administratifs l'administration de la voirie et
avait reconnu aux tribunaux de district la mission de
réprimer les contraventions commises ; mais les tribunaux judiciaires se préoccupèrent fort peu de ce devoir
de police qui leur était ainsi confié et la loi du 29 floréal
de l'an X fut véritablement votée sous le coup de l'indi-
gnation provoquée par l'incurie et la négligence des tribunaux de l'ordre judiciaire. La loi du 28 pluviôse de
l'an VIII a reconnu au conseil de préfecture la juridiction en matière de grande voirie.

Poursuites devant les tribunaux administratifs.

Afin d'assurer le contrôle efficace sur nos routes nationales, le législateur a reconnu à un grand nombre d'agents le droit de faire des procès-verbaux contre tout délinquant. Les officiers de police judiciaire, les maires, les ingénieurs et les conducteurs des ponts et chaussées, les commissaires de police, les gendarmes, les préposés des octrois et des contributions indirectes, les gardes champêtres, les cantonniers chefs ont pouvoir de relever les contraventions. De plus, pour la police du roulage sur la grande voirie (1), d'autres agents ont qualité pour dresser les contraventions : ce sont les gardes forestiers, les douaniers, les employés des poids et mesures.

Les procès-verbaux de grande voirie dûment affirmés font foi jusqu'à preuve contraire, mais non pas jusqu'à inscription de faux. Mais même dans cette limite, le procès-verbal ne fait foi que des constatations personnelles de l'agent. Le procès-verbal est le point de départ de la procédure suivie devant le conseil de préfecture. C'est au préfet qu'il appartient alors, comme représentant du pouvoir central, de poursuivre la condamnation. Il est en effet, nous le répétons, administrateur de la grande voirie et, comme tel, il doit poursuivre toute atteinte au domaine public.

La condamnation peut comprendre, à la fois ou séparément, l'amende, la réparation du dommage, le paiement des frais. L'amende, c'est à titre exceptionnel

____

(1) Loi du 30 mai 1851.

qu'elle doit être prononcée, il faut un texte spécial. En effet, il n'existe point de dispositions générales ; il n'y a point d'amende de grande voirie, comme il y a des amendes correctionnelles. La loi du 29 floréal de l'an X ne contenant rien à cet égard, on ne peut prononcer en vertu de ces dispositions que la réparation du dommage. Il faut donc qu'il y ait des textes qui s'appliquent à des cas prévus pour que l'amende puisse être infligée. Le taux des amendes prononcées en vertu de ces anciens édits est quelquefois très élevé et hors de proportion avec les délits commis. En effet, la loi des 19-22 juillet 1791 a confirmé les anciens édits tels qu'ils étaient ; or, ces anciens règlements édictaient deux sortes d'amendes. Les amendes fixes, parfois exagérées et qui ne laissaient aux juges aucun pouvoir d'appréciation, et les amendes arbitraires qui, au contraire, lui conféraient un pouvoir absolu sur la fortune du délinquant. Ces dispositions répugnent à nos mœurs actuelles, aussi, bien que remises en vigueur par la législation révolutionnaire, n'étaient-elles plus appliquées par les conseils de préfecture qui commettaient ainsi, il faut bien l'avouer, une illégalité. Pour faire cesser un état de choses aussi fâcheux, la loi du 23 mars 1842 est venue apporter d'importantes modifications.

Pour les amendes fixes, le juge aura la faculté d'en abaisser le taux jusqu'à un vingtième, sans toutefois qu'ainsi réduites, elles puissent être inférieures à 16 francs. Quant aux amendes arbitraires, les conseils de préfecture ont la faculté d'en faire application entre deux limites extrêmes, de 16 à 300 francs. On est ainsi arrivé à harmoniser, avec les idées modernes, les pénalités édictées par les anciens règlements qui sont provisoirement maintenus depuis plus d'un siècle. Quant aux amendes prononcées par des lois postérieures à 1791, elles doivent être appliquées strictement (1).

La répression des contraventions de grande voirie affecte quelquefois des formes très rigoureuses, dans ce sens que certaines personnes peuvent être recherchées alors qu'elles ne sont point personnellement les auteurs des faits imputables. C'est ainsi que les travaux confortatifs exécutés aux murs de face d'une maison en saillie sur la voie publique peuvent exposer le propriétaire de la maison à des poursuites. En effet, les anciens règlements font défense à tous particuliers, propriétaires ou autres. Les entrepreneurs et les maçons peuvent être aussi poursuivis s'ils se sont prêtés à des travaux non réglementaires (2). Enfin, certains édits n'ont pas craint de consacrer la responsabilité civile des maîtres ou parents des personnes qui ont commis les contraventions ; on peut se reporter à cet égard à l'édit du 16 décembre 1759. Cette rigueur des textes administratifs s'explique toujours par cette idée que nous avons mise en relief dès le début, à savoir que la juridiction administrative se préoccupe beaucoup plus de réparer

(1) Voyez la loi du 30 mai 1851 sur la police du roulage.
(2) Voir l'arrêt du 27 février 1765.

le dommage causé à la voie publique et qu'elle fait volontiers abstraction des personnes.

Prescription.

On ne trouve dans la législation de la grande voirie aucune disposition spéciale en ce qui touche la prescription. La raison en est que le domaine public étant imprescriptible et inaliénable, il a semblé inutile d'effleurer la question. En effet, le droit étant imprescriptible, l'action doit l'être également, car, à la différence du droit romain, en droit français, l'action fait partie du droit lui-même, c'est le droit en mouvement.

Mais si le problème de la prescription ne peut pas se poser en ce qui concerne l'exercice de l'action en restitution que M. Laferrière appelle avec raison, l'action domaniale, il n'en saurait être de même pour l'action répressive tendant à faire payer une amende. Le Conseil d'État décide qu'il y a lieu d'appliquer par analogie l'article 640 du Code d'Instruction criminelle, article qui porte que l'action publique et l'action civile pour une contravention de police seront prescrites, après une année révolue à compter du jour où elle aura été commise, même lorsqu'il y aura eu procès-verbal, instruction, saisie, si dans l'intervalle il n'est point intervenu de condamnation. Donc, d'après la jurisprudence du Conseil d'État, il y a prescription, si le conseil de préfecture n'a pas prononcé les amendes dans le délai d'un an.

Nous n'hésitons pas à critiquer cette jurisprudence qui est en contradiction avec la théorie générale du contentieux de grande voirie. L'amende n'est pas une condamnation assimilable aux condamnations de simple police, c'est une réparation civile, elle constitue une dette dont le contrevenant est le débiteur vis-à-vis de l'administration. Par conséquent, en l'absence d'un texte formel, il nous semble que l'action ne peut se prescrire que par 30 ans, délai de droit commun de la prescription libératoire. C'est du reste la solution à laquelle on s'est arrêté pour la prescription des actions civiles, tendant à mettre à la charge du délinquant, la réparation matérielle d'une dégradation causée à la route.

Les arrêts du conseil de préfecture sont susceptibles d'appel devant le Conseil d'État; jamais en effet ces tribunaux administratifs ne prononcent en dernier ressort. Afin de faciliter le recours des administrés, ces pourvois sont dispensés du ministère d'avocat.

Disons enfin, pour terminer cette matière de la répression des contraventions de grande voirie, quelques mots relativement à la police du roulage. Le législateur s'est proposé en édictant des dispositions spéciales, d'empêcher que les routes ne puissent être dégradées par des voitures trop pesamment chargées ou établies dans des conditions matérielles défectueuses. Le premier acte en la matière, est un arrêt du Conseil du roi du 18 juillet 1770 concernant les grands chemins de la province de Normandie. Ce fut seulement le 14 novembre 1724 que fut rendue une première mesure générale applicable à toute la France. Nous en avons parlé dans notre historique. On se préoccupait surtout de limiter le nombre des chevaux destinés à traîner ces voitures ; on avait soin néanmoins de faire quelques exceptions en faveur de l'agriculture. Sous la révolution, on crut trouver le moyen de limiter indirectement le chargement des voitures en créant une taxe de barrage sur les routes, taxe qui s'élevait en proportion du nombre de colliers. Ce procédé rappelle un peu le droit de tonnage perçu dans nos ports, droit qui est calculé d'après le gabarit des vaisseaux ; mais ce système ne donna aucun bon résultat et la taxe de barrière fut supprimée en 1806. Les lois du 29 floréal de l'an X, du 7 ventôse an XII et du 23 juin 1806, fixèrent un maximum de chargement, mais, comme pour faire la vérification, on devait procéder par pesage aux bascules publiques, on apportait ainsi une entrave considérable à la libre circulation et les réclamations les plus vives ne tardèrent pas à se faire jour. Une réforme s'imposait, elle a été réalisée par la loi du 30 mai 1851. Si notre législation actuelle a le grand mérite de régler avec infiniment de minutie nombre de points de détails et d'assurer ainsi la parfaite conservation de notre domaine public, elle pèche néanmoins sur certains points, et, son plus grand défaut, c'est d'avoir compliqué à l'extrême les règles de compétence pour la répression des contraventions. La loi de 1851 procède d'un tout autre principe que les législations antérieures. Il résulte en effet de savants rapports d'ingénieurs que ce n'est pas le chargement considérable des voitures qui cause le plus de dégradation aux routes, mais, que tout dépend de la manière d'employer les matériaux. Les ingénieurs modernes se trouvent donc entièrement en contradiction avec ceux du XVIIe siècle. Aussi, la loi de 1851 décide-t-elle que toutes les voitures pourront circuler sur les routes nationales sans aucune limitation de poids ou de largeur de jantes. Nous ne croyons pas utile d'entrer dans les détails de cette loi, nous renvoyons à son texte et au règlement d'administration publique qui lui a fait suite. Signalons pourtant quelques dispositions intéressantes. Les maires sont autorisés à prendre des mesures d'urgence vis-à-vis des contrevenants à la police du roulage, qui n'ont pas de domicile connu. La voiture peut être provisoirement retenue, le maire peut arbitrer provisoirement aussi le chiffre de l'amende, les frais de réparation et en ordonner la consignation.

La loi du 30 mai 1851 a établi en ce qui concerne la prescription, des règles spéciales, elle décide en effet qu'en matière de contravention de la compétence des conseils de préfecture, l'arrêt ne peut plus intervenir s'il s'est écoulé six mois, à compter de la date du dernier acte de poursuite. La prescription des amendes est d'un an (1); pourtant si les condamnations ont été pro-

____

(1) Art. 27, loi du 30 mai 1851.

noncées pour fausses indications sur la plaque de voiture ou sur fausses indications de nom et de domicile, la prescription n'est acquise qu'au bout de cinq ans... Cette loi de 1851, avons-nous dit, consacre un partage de compétence entre les conseils de préfecture, les tribunaux de police et les tribunaux correctionnels. Il y a là des dispositions assez obscures. Les conseils de préfecture connaissent en principe de toutes les infractions aux dispositions qui ont pour effet d'assurer la conservation de la route, par exemple, en ce qui concerne les barrières de dégel, la circulation sur les ponts suspendus, la forme des clous des bandes. Si la loi s'en était tenue là, l'attribution de compétence eut été rationnelle, mais, elle attribue aussi au conseil de préfecture qualité pour statuer sur des contraventions aux règles concernant les essieux, les attelages, la largeur des colliers etc... Les autres contraventions et délits relèvent de la compétence des tribunaux de simple police ou des tribunaux correctionnels. Notons en passant que presque toutes les infractions à la police spéciale des voitures de messageries, relèvent presque toutes de l'autorité judiciaire, car toutes ces mesures si minutieuses ont surtout pour effet d'assurer bien plus la sécurité des voyageurs que la conservation de la route.

En vertu de ses pouvoirs généraux d'administrateur de la grande voirie, le préfet peut prendre des arrêtés réglementaires pour les routes nationales, afin de régler des points de détail, de prohiber, par exemple, des dépôts de matériaux. Dans ce cas, les contraventions commises ne relèvent point des conseils de préfecture, mais du tribunal de simple police.

SECTION II. — **Nature des droits des riverains.**

« Il peut sembler étrange que l'on examine la question de savoir si les riverains ont des droits sur les voiespubliques. On est tout d'abord porté à affirmer que le domaine public étant inaliénable et imprescriptible les riverains ne peuvent avoir autre chose que la jouissance de la route mais ne peuvent revendiquer aucun droit dans le sens strict du mot (1). »

Comme le fait remarquer le savant auteur en contestant la possibilité juridique d'un droit de jouissance sur la route on exagère certainement la portée du principe de l'inaliénabilité et de l'imprescriptibilité.

Et en effet la destination même de la voie publique comporte l'exercice de certains droits de jouissance de la part des propriétaires riverains, tels que le droit d'accès et de vue. Il ne faut pas non plus oublier d'autre part, que ces riverains sont assujettis à de lourdes charges, plantations, écoulement des eaux, essartement, etc. et qu'il est juste qu'en compensation de ces servitudes, ils puissent user de la voie publique dans l'intérêt de leurs propriétés. Cela est du reste d'une telle nécessité pratique que les articles 681 et 682 du Code civil consa-

____

(1) Aucoc, *Conférences de droit administratif*, t. 1, § 1147.

crent ces droits. Déjà la loi romaine avait prévu le cas (1). Mais bien entendu si les riverains ont le droit de faire écouler leurs eaux sur la voie publique ils ne peuvent pas aggraver la servitude naturelle ; il leur est donc interdit de faire des travaux d'art qui, accumulant les eaux en un seul point, endommageraient les chaussées.

Du reste, l'administration, en vertu de ses pouvoirs de police et de conservation du domaine public peut prendre à cet égard les prescriptions nécessaires ; un arrêt du Conseil d'État du 8 décembre 1857 (Mazelier) reconnaît ce droit aux préfets, mais, en cas de contravention, la compétence appartient au tribunal de simple police car il y a inobservation d'un arrêté préfectoral et non pas violation d'ancien édit ou règlement. Faut-il dire que le riverain a le droit d'écouler sur la voie publique les eaux ménagères ? M. Aucoc admet l'affirmative. M. Féraud-Giraud au contraire soutient que l'écoulement des eaux ménagères ne rentre nullement dans l'application de l'article 681 du Code civil. Qu'en effet, les eaux ménagères ont pour conséquence de dégrader les voies publiques, que par conséquent, il n'y a pas là simplement exercice d'un simple droit de jouissance de la part d'un riverain mais atteinte à la domanialité publique.

L'opinion de M. Féraud-Giraud nous paraît préférable ; en fait néanmoins l'administration peut user d'une cer-

---

(1) V. la Loi 1, § 27 au Dig.

taine tolérance. La question, du reste, présente peu d'intérêt pratique en matière de grande voirie, car l'hypothèse se rencontre surtout pour la voirie urbaine. Néanmoins le cas peut se présenter pour les rues qui sont des prolongements de grande route.

Les propriétaires riverains, en outre du droit d'écoulement des eaux sur la voie publique, ont la faculté d'ouvrir des accès et des vues. C'est même, il faut le reconnaître, la grande utilité que présente pour eux le voisinage des grandes voies. Aussi, peut-il résulter pour eux un grave préjudice si la voie publique vient par la suite à être supprimée. La question a été soulevée à plusieurs reprises ; elle a été tranchée d'une façon définitive par la loi du 24 mai 1842, et en effet, cette loi sur le déclassement des routes nationales a décidé que l'Etat avait bien le droit d'aliéner le sol des routes déclassées, mais qu'il était tenu de réserver un chemin d'exploitation afin d'empêcher que les riverains ne fussent entièrement enclavés. C'est du reste là une simple application de l'article 682 du Code civil, et l'on peut dire que cette décision s'imposait tellement qu'elle ne constitue qu'une solution de banale équité.

Pourtant on a discuté la portée même de cette loi et il faut reconnaître que la jurisprudence l'a interprétée dans un sens peu favorable aux riverains. De ce que l'article 2 contient une réserve par ces mots « s'il y a lieu » on a conclu qu'il y avait là un pouvoir discrétionnaire réservé à l'Etat. Pour nous, la question d'opportunité ne peut pas être ainsi tranchée arbitrairement, et les riverains conservent sur les terrains déclassés les droits qu'ils possédaient jusque-là.

Comme le disait M. Renouard, rapporteur de la loi de 1842 : « La raison et la justice ne s'accommodent jamais de ces thèses commodes et partiales où triomphe l'argumentation et qui, là où existent deux principes, se mettent à l'aise en s'établissant sur un seul et en tenant l'autre pour non avenu ; l'État a sur la route royale une propriété imprescriptible mais non absolue. Cette propriété lorsqu'elle change de destination ne devra être transmise à des tiers et devenir entre leurs mains une propriété absolue qu'autant, que dans les conditions de cette transmission, on aura égard à l'affectation spéciale par laquelle cette nature particulière de propriété se trouvait modifiée pendant qu'existait la route. »

Néanmoins la jurisprudence du Conseil d'État décide que le droit des riverains se résoud en une simple indemnité et que la réserve de l'article 2 de la loi du 24 mai 1842 permet à l'État de ménager ou non un chemin d'exploitation, non pas suivant les besoins des riverains, mais d'après ses propres intérêts.

Aussi lorsque l'on conteste des droits de passage et d'accès sur des portions de routes déclassées et vendues depuis à des particuliers ; appartient-il aux tribunaux judiciaires de statuer (Serrigny, tome 2, n° 692).

Cette interprétation donnée à la loi de 1842 nous paraît absolument contestable.

Nous n'hésitons pas, pour notre part, à proclamer que les propriétaires riverains d'une voie publique ont de véritables droits et que l'Administration ne peut à sa guise y porter atteinte.

Voilà pourquoi à notre sens, la réserve de la loi de 1842, doit s'entendre dans un sens favorable aux inté- rêts des propriétaires riverains.

Mais dira-t-on — quelle est la nature des prétendus droits que vous reconnaissez aussi aux propriétaires riverains ?

Sont-ce des droits réels ? alors que devient le prin cipe de l'inaliénabilité et de l'imprescriptibilité ?

Nous croyons que le principe d'inaliénabilité et d'im- prescriptibilité peut très bien se concilier avec l'exercice de ces droits.

En effet la route n'existe à l'état d'inaliénabilité et d'imprescriptibilité que sous déduction de certaines charges qui forment le droit commun de la propriété publique, comme les servitudes dérivant de la nature des lieux constituent le droit commun de la propriété privée.

Comme nous l'avons déjà dit, l'affectation même de la voie publique comporte par elle-même l'exercice de ces droits d'accès, d'écoulement et de vue, et c'est servir l'intérêt général que favoriser l'usage des droits privés.

Nous n'hésitons pas à admettre que les articles 681 et 682 du Code civil, consacrent un véritable droit de servitude au profit des riverains et ce droit ne répugne nullement à se concilier avec le principe d'inaliénabilité et d'imprescriptibilité.

SECTION III. — Charges.

Si l'État a ainsi des droits fort étendus sur la domanialité publique, il doit en échange supporter des charges assez lourdes. Sous l'ancien régime, on ne craignit pas d'user et d'abuser de certaines ressources que l'on ne retrouve plus aujourd'hui dans notre organisation actuelle. Avant 1789 en effet, les fonds affectés aux travaux de construction, d'amélioration ou de réparation et d'entretien des routes royales, provenaient : 1° d'allocations prélevées sur le trésor royal, « par état du roi pour les ponts et chaussées ». Ces allocations établies par Henri IV, mais fournies irrégulièrement jusqu'à Louis XIV devinrent permanentes et fixes à partir du ministère de Colbert ; 2° De la corvée, qui fut abolie en 1786 et remplacée par des prestations en nature qu'on pouvait racheter en argent ; 3° D'imputations diverses frappées sur les villes (1) ; 4° De droits de péage qui furent en partie supprimés en 1789. On peut même dire que le péage fut la plaie de l'ancien régime et il donna lieu à de nombreux abus ; mais théoriquement il se justifiait, car étant donné la lenteur relative des communications, il n'y avait qu'une certaine classe de citoyens qui voyageait et il était par conséquent légitime d'établir une

(1) Imputations sur les octrois.

taxe, rémunération du service rendu. Sous la révolution, la loi du 24 fructidor de l'an V créa une taxe d'entretien pour toutes les grandes routes et cette taxe produisit en moyenne 33 millions par an. Sous l'empire, on en vint au système des allocations annuelles tirées du budget général, mais on y adjoignit bientôt des impositions locales. La taxe d'entretien qui était devenue insuffisante fut abolie et remplacée en 1806 par l'impôt sur le sel.

Le décret de classement du 16 décembre 1811 décida que les routes impériales de 1re et de 2e classe devaient être entièrement construites et entretenues aux frais du trésor impérial, les dépenses de construction, de rectification et d'entretien des routes de 3e classe devaient être concurremment supportées par le Trésor et par les départements qu'elles traversaient. Les fonds ordinaires que devait annuellement fournir le Trésor pour les routes étaient de 20 millions ; dont 8 millions pour l'entretien des routes de 1re, 6 millions pour l'entretien des routes de 2e, 6 millions pour l'entretien des routes de 3e. En outre, une somme annuelle de 5 millions fournie sur les fonds du Trésor était affectée aux constructions et reconstructions des routes de 1re et de 2e classe. Trois décrets en date des 24 août, 21 septembre, 22 décembre 1812 ordonnaient la perception de centimes additionnels pour la réparation et l'entretien des routes de 3e classe dans un grand nombre de départements. D'après les recherches auxquelles nous nous sommes livré sur les budgets généraux de l'an IX à 1814, on peut estimer que sous le Consulat et l'Empire. la dépense tant en travaux ordinaires qu'extraordinaires des routes s'est élevée annuellement en moyenne à 19.500.000 fr. soit en 14 années à 273 millions environ.

Pour la période de 1814 à 1829 (16 années) on trouve une dépense totale de 304 millions, ce qui correspond à une moyenne annuelle de 19 millions. Les fonds ordinaires et extraordinaires ont été sous la monarchie de juillet, d'environ 640 millions. Sous la République de 1848, 38.940.000 francs par an, soit 155.760.000 fr. au total pour une période de 4 ans. — Sous le deuxième empire, la dépense totale en 19 années a été de 865.450.000 fr., enfin sous la troisième république, la dépense totale en 26 années a été de 985.400.000 francs, de sorte que sous les divers gouvernements qui se sont succédé depuis 1800 jusqu'à nos jours, la dépense moyenne annuelle a été de 33.330.000 fr. et la dépense totale de 3 milliards 233 millions. On peut juger par là de la valeur réelle et de l'importance de notre domaine national public terrestre.

Aujourd'hui les charges de l'État pour les routes nationales ne sont atténuées par aucune ressource accessoire. Il est en effet conforme à nos principes financiers que toutes les dépenses de l'État, soient tirées du budget général. Nous ne connaissons pas les budgets spéciaux usités encore dans certains pays.

Mais de plus, actuellement pour les routes nationales, depuis la loi du 30 juillet 1880, aucun péage n'existe plus. Nous avons vu que sous l'ancien régime, on avait usé et abusé de ce moyen commode pour faire exécuter de grands travaux publics sans obérer les finances de l'État. Les droits de péage perçus sur les ponts avant la révolution avaient été provisoirement maintenus par une loi des 15-28 mars 1790. La loi du 14 floréal de l'an X, reconnut au gouvernement le droit d'autoriser l'établissement de ponts à péage. Souvent, l'État a eu recours à des intermédiaires, à des concessionnaires dont le péage se trouvait ainsi la rémunération, mais, à mesure que les communications se multiplient, ces péages apparaissent comme d'injustes entraves et sous la pression de l'opinion publique, l'État a dans le courant de ce siècle racheté un grand nombre de ponts à péage. La loi du 30 juillet 1880 est venue donner une solution radicale ; elle décide qu'il ne sera plus à l'avenir, construit aucun pont à péage sur les routes nationales et elle prescrit que les ponts à péage établis sur les routes nationales seront tous rachetés dans un délai de 8 ans à partir du 1ᵉʳ janvier 1881. Au 1ᵉʳ janvier 1879, il existait encore 26 ponts à péage sur les routes nationales, les dépenses faites pour la construction de ces ponts étaient évaluées à 8.265.000 francs et le revenu net du péage à 490.800 francs (1).

Cette matière n'a donc plus aujourd'hui qu'un intérêt historique aussi ne trouvons-nous pas utile de la traiter ici

(1) Aucoc, *Conférence de droit administratif*, t. III, § 901.

Les charges ainsi supportées par l'État étant fort lourdes, on s'est demandé si véritablement elles correspondaient à l'importance des services rendus. Aussi n'at-on pas craint de proposer une réforme radicale supprimant les routes nationales, réforme qui permettrait à l'État de réaliser des économies. Nous verrons plus tard ce qu'il faut penser de ce projet.

CHAPITRE III

Créée pour les besoins de la circulation, il se peut que la route nationale ne soit plus en état d'y satisfaire. En effet, les courants industriels et commerciaux se déplacent et dans ce cas-là il importe de changer de tracé, ce qui rend inutiles des portions de routes. Mais, répétons-le bien, le caractère de domanialité publique cesse non pas du jour où intervient un acte officiel de déclassement, mais du moment où la route n'est plus utilisée par la circulation.

La loi du 24 mai 1842 porte, article 1ᵉʳ : « Les portions de routes royales délaissées par suite de changement de tracé ou d'ouverture d'une nouvelle route, pourront sur la demande ou avec l'assentiment des conseils généraux des départements, être classées par ordonnance royale soit parmi les routes départementales, etc... »

C'est un décret qui déclasse la route nationale, mais aujourd'hui, il faut combiner la loi du 10 août 1871, article 36 avec cette loi du 24 mai 1842. C'est au conseil général seul qu'il appartient de reclasser une route nationale abandonnée dans le domaine public départemental. Mais il se peut que la route déclassée ne soit plus jamais utilisée comme voie de communication, dans ce cas, le sol redevient un élément du domaine privé de l'État et d'après l'article 2 de la loi du 24 mai 1842, il est dit que ces terrains délaissés seront remis à l'administration des domaines, laquelle est autorisée à les aliéner. L'aliénation aura lieu selon les règles qui régissent les aliénations du domaine de l'État ou par application de l'article 4 de la loi du 20 mai 1836. — La loi du 24 mai 1842, nous l'avons déjà vu, reconnaît aux riverains des routes délaissées un droit de préemption. — Les propriétaires sont mis en demeure d'acquérir chacun en droit soi, dans les formes tracées par l'article 61 de la loi du 3 mai 1841 les parcelles attenant à leurs propriétés. Si les riverains n'exercent pas dans un délai fixé cette faculté qui leur est ainsi attribuée par le législateur, l'administration peut procéder, soit à la vente des terrains soit à l'échange des dits terrains, car une loi du 20 mai 1836 dispose que « les portions de terrain dépendantes d'anciennes routes et devenues inutiles par suite de changement de tracé ou d'ouverture d'une route royale ou départementale, pourront être cédées sur estimation contradictoire à titre d'échange et par voie de compensation de prix, aux propriétaires des terrains sur lesquels les parties neuves de routes devront être exécutées. L'acte de cession devra être soumis à l'approbation du Ministre des Finances lorsqu'il s'agira de terrains abandonnés par les routes royales ».

Le droit de préemption reconnu au riverain lui permet ainsi de sauvegarder sa propriété en conservant ses facilités d'accès et de vue. C'est au jury d'expropriation qu'il appartient en cas de difficulté de fixer la valeur des parcelles abandonnées; mais il faut le reconnaître, cette opération du déclassement est un fait accidentel, il y en a peu d'exemples.

Il s'est trouvé des gens pour souhaiter que cette mesure devienne générale. La question a été soulevée à la Chambre des Députés et cette opinion a rencontré d'ardents défenseurs. Il convient maintenant d'examiner quelles pourraient être au point de vue pratique les conséquences d'une pareille réforme.

TROISIÈME PARTIE

CHAPITRE PREMIER

PROJETS DE DÉCLASSEMENT ACTUELLEMENT SOUMIS
AU PARLEMENT.

Les critiques qui sont dirigées contre l'organisation
actuelle des services de voirie s'inspirent toutes de ce
fait qu'il y a dans beaucoup de départements deux services distincts, alors que l'on pourrait les fusionner.

Les conseils généraux sont libres de confier l'administration des routes départementales et des chemins
vicinaux, soit aux agents voyers, soit aux ingénieurs
des ponts et chaussées.

Beaucoup de conseils généraux pensant avec juste
raison qu'ils trouveraient toutes les garanties de savoir
et de dévouement dans le corps des ponts et chaussées,
ont usé de la faculté qui leur était ainsi reconnue pour
faire appel aux concours des ingénieurs.

Dans 33 départements, les conseils généraux ont

donné aux ingénieurs des ponts et chaussées le service de la voirie départementale ; dans 6 autres départements les agents des ponts et chaussées sont employés pour le service vicinal à titre personnel.

D'autres départements au contraire, jaloux de leurs franchises locales et désireux d'afficher une complète indépendance ont préféré créer de toutes pièces un personnel spécial d'agents voyers. C'est alors qu'apparaît immédiatement la dualité des services ; l'ingénieur de l'État chargé de l'entretien de la route nationale et l'agent voyer affecté exclusivement aux chemins départementaux.C'est cet état de choses qui a motivé de sévères critiques ; il y a, dit-on, deux agents là ou un seul pourrait suffire, d'où dépenses superflues. Il est vrai que l'État et le département ont chacun leurs ressources spéciales, mais si le point d'arrivée de l'impôt diffère suivant que les contributions alimentent le budget de l'une ou de l'autre de ces unités administratives, le point de départ est toujours le même, c'est la bourse du contribuable. Il y aurait donc de ce chef, par une fusion bien comprise des services, une importante économie à réaliser.

Mais en admettant même qu'une réforme soit nécessaire, le tout est de savoir comment on la comprend, et c'est ici que de hardis novateurs n'ont pas craint de proposer des mesures qui, si elles étaient adoptées, ne seraient rien moins qu'une grave abdication de droits de la part de l'État.

On a soumis à la Chambre un projet tendant au déclassement pur et simple des routes nationales et à leur abandon aux départements.

Pour justifier leur théorie, les auteurs de cette proposition commencent d'abord par poser en axiome que les routes nationales ont fait leur temps, qu'elles n'ont plus aujourd'hui de raison d'être et que la voirie se divise en deux catégories bien distinctes : la voirie d'intérêt général, comprenant les chemins de fer et les fleuves et la voirie d'intérêt local constituée par les routes terrestres de toute nature.

Nous nous réservons de démontrer à la fin de cette étude que les routes nationales ne sont pas, comme on veut bien le dire, une chose démodée n'ayant plus qu'un intérêt historique, nous prouverons chiffres en mains qu'elles rendent encore d'importants services et que leur conservation est chose nécessaire. Mais avant d'exposer les principaux motifs qui nous poussent à défendre l'intégrité de notre domaine national terrestre, nous allons passer en revue les réformes proposées et ce rapide examen qui dévoilera les impossibilités matérielles, les difficultés de toute nature suscitées par ce projet de déclassement, suffira à lui seul à démontrer l'erreur que l'on commettrait en acceptant cette dangereuse innovation.

Ce projet de déclassement des routes nationales a déjà pour lui quelques mérites aux yeux de ses partisans, tout au moins celui de l'ancienneté. En effet la proposition ne date pas d'hier et la question fut déjà soulevée en 1869. D'après le projet on ferait abandon aux départements de 37.000 kilomètres de routes dont la valeur représentative d'après l'estimation de M. Félix Lucas est d'environ treize cent millions. A l'appui de cette proposition, les auteurs du projet ne manquent pas de rééditer les arguments généraux que l'on invoque toujours en faveur de la décentralisation. La centralisation excessive, dit-on, tue l'initiative privée, développe le mandarinisme administratif et occasionne ainsi des lenteurs préjudiciables à la bonne gestion des affaires du pays. Au contraire, les administrations locales placées sous le contrôle immédiat de leurs administrés s'inspirent davantage de l'intérêt public. Le décret du 25 mars 1852, ajoute-t-on, a solennellement reconnu ce principe en proclamant que si l'on gouverne bien de loin on n'administre bien que de près. Ces arguments paraissent *a priori* fort séduisants, mais en réalité ils reposent sur un malentendu ; l'éternelle confusion des intérêts généraux et des intérêts locaux. Confier des intérêts généraux, comme l'est au premier chef la confection et l'entretien des routes nationales à des assemblées locales, uniquement guidées par l'égoïsme de clocher, c'est sacrifier la grande collectivité qu'est l'État.

Du reste cette théorie est très dangereuse, car on ne voit pas bien où on s'arrêterait dans cette voie. Pourquoi ne pas reconnaître alors aux départements le droit de rendre la justice, de lever des troupes ? On assisterait ainsi au réveil du particularisme qui sous l'ancien régime a été l'invincible obstacle dressé contre les tentatives d'unité nationale. Cette conséquence, il est vrai, n'est pas de nature à effrayer les décentralisateurs à outrance et c'est ainsi qu'un autonomiste irréductible, M. Hovelacque a rêvé d'une confédération de 36 provinces, indépendantes dans l'état abâtardi, et il mettait au premier rang de ses revendications la décentralisation de la voirie et des cultes. Pour nous, nous estimons que les unités administratives secondaires, le département et la commune, ont atteint le summum de ce que M. Thiers appelait les libertés nécessaires. Aller plus loin dans la voie de la décentralisation c'est abdiquer les droits de l'État et le décret de 1852 n'a pas le sens qu'on lui attribue : en effet, on n'a point songé en 1852 à étendre les franchises locales, on a seulement reconnu au préfet certaines attributions qui jusque-là étaient réservées au ministre et on a ainsi fait non pas de la décentralisation, mais de la déconcentration ; c'est ainsi que se justifie cette fameuse formule que si l'on gouverne bien de loin on n'administre bien que de près.

Battus sur le terrain des principes généraux les partisans du déclassement invoquent alors l'argument principal qui sert à étayer leur thèse, la question d'économie. On prétend au moyen de la fusion proposée, réaliser deux chefs d'économie. Une première économie sur le personnel et une deuxième sur le coût de construction et d'entretien des routes déclassées.

Sur l'économie à réaliser sur le personnel, on affirme que les conseils généraux pour la gestion des routes nationales déclassées appliqueront les mêmes règles que pour les chemins départementaux. Dans les départements où se sont des agents voyers qui sont chargés du service il suffira, dit-on, d'augmenter leur nombre proportionnellement. Or, la proportion des routes nationales aux chemins départementaux de toutes sortes est d'environ un dixième; en moyenne dans chaque département le service voyer comprend 50 agents, en augmentant ce personnel d'un dixième, on arrive au chiffre de 55 et en prenant comme base de traitement 3.500 francs à allouer à chacun de ces fonctionnaires supplémentaires on trouve un total de 17.500 francs par département.

Si on veut être extrêmement large dans l'évaluation des frais de personnel on peut compter pour l'ensemble de la France une somme de 2.000.000 au lieu des 6.600.000 fr. de traitements que l'État paie actuellement.

Il est facile de démontrer que ces calculs malgré leur apparence scientifique ne reposent sur rien de bien sérieux; et tout d'abord, il n'y a pas comme on veut bien le dire un personnel affecté exclusivement aux routes nationales. L'ingénieur des ponts et chaussées a d'autres attributions, le contrôle des chemins de fer, l'inspection des mines, les travaux d'hydraulique agricole, il faudrait donc pouvoir faire une sorte de ventilation pour estimer le chiffre des traitements qui correspond au service de la voirie et il serait nécessaire de conserver environ moitié du personnel pour assurer les services accessoires.

Cette prétendue économie se réduit donc déjà de moitié puisque l'Etat serait obligé de garder une partie de ses ingénieurs et que d'autre part, il ne pourrait pas congédier brutalement l'autre partie du personnel; il faudrait donc jusqu'à ce que des extinctions se produisent servir des traitements de disponibilité (Art. 18 et 37 du décret du 13 octobre 1851 sur l'organisation du corps des ponts et chaussées).

Le bénéfice que l'on se propose de retirer de la réforme n'est donc pas aussi considérable qu'on se plaît à l'affirmer mais en tout cas il aurait sa contre-partie ; un accroissement considérable de charges pour les départements, et ce, quel que soit le parti qu'ils adoptent quant au choix du personnel qui se trouverait chargé de l'entretien des routes mises ainsi dans le domaine public départemental.

En effet les départements qui emploient exclusivement des agents voyers seront obligés d'accroître le nombre de ces derniers dans une proportion bien plus forte qu'on veut bien le prétendre ; et quant aux départements qui ont remis aux ingénieurs des ponts et chaussées le soin de la voirie locale, leur situation s'aggravera encore davantage car ils se verront dans la nécessité de fournir des retraites qui jusque-là étaient assurées par l'État. Il est difficile dès maintenant de faire un calcul d'ensemble pour la généralité des départements, mais nous avons sous les yeux une étude pour le département du Lot et ce document a d'autant plus d'importance que le Lot est un des plus petits de France, il ne vient que le 74ᵉ en rang pour la superficie. On peut juger par là des conséquences de la réforme projetée, le tableau suivant a en effet été dressé en opérant toutes les réductions possibles, en ne maintenant qu'un personnel minimum, et en fixant pour chaque agent le traitement le plus faible.

Nous donnons ici *in extenso* le texte même et les chiffres qui l'accompagnent :

Tableau du personnel nécessaire.

GRADES ET EMPLOIS	Nombre d'agents de chaque grade	Traitement annuel	Dépense par chaque classe d'agents	OBSERVATIONS
Agent voyer en chef.....	1	7.000	7.000	Les articles du personnel autres que les traitements proprement dits, tels que gratifications de fin d'année aux employés de préfecture, réserve pour avancements, frais de tournées et gratifications de fin d'année, frais fixes, aux agents cantonaux et indemnités de résidence, etc.sont supposés les mêmes dans les deux cas.
Agents voyers d'arrond...	1	4.000	4.000	
	2	3.500	7.000	
Bureau de l'agent voyer en chef (1)				
Chef de bureau..........	1	1.900	1.900	
Vérificateur des projets ..	1	2.200	2.200	
Comptable..............	1	2.600	2.600	
Commis d'ordre....	1	1.400	1.400	
Expéditionnaire..........	2	2.000 / 1.200	3.200	
Bureau des agents voyers d'arrondissement.				
CAHORS.				
Chef de bureau..........	1	3.000	3.000	
Vérificateur des projets...	1	2.200	2.200	
Comptable..............	1	2.000	2.000	
Commis d'ordre........	1	1.400	1.400	
Expéditionnaire..........	2	1.400	2.800	
FIGEAC.				
Chef de bureau	1	1.200	1.200	
Vérificateur des projets...	1	3.000	3.000	
Comptable..............	1	2.600	2.600	
Commis d'ordre........	1	1.700	1.700	
Expéditionnaire..........	1	1.400	1.400	
GOURDON.				
Chef de bureau	1	2.200	2.200	
Vérificateur des projets...	1	1.700	1.700	
Comptable..............	1	1.700	1.700	
Commis d'ordre........	1	1.700	1.700	
Subdivisions cantonales.				
Agents voyers de 1re cl...	6	3.000	18.000	
— de 2e cl...	6	2.600	15 600	
— de 3e cl...	11	2 200	24.200	
— de 4e cl...	5	1.900	9 500	
Agent-voyer auxiliaire de 2e classe	1	1.700	1.700	
Totaux........	55		129.100	

(1) Les traitements autres que ceux de l'agent voyer en chef et des agents voyers d'arrondt, sont ceux des agents actuellement en fonctions.

La somme inscrite au budget départemental de l'exercice 1895 pour le même
objet s'élève à. . . . .   74.600 fr.

L'augmentation qu'aurait à supporter
le département serait donc égale à
129.100 — 74.600. . . . .   54.500 fr.

Retraites.

Nombre d'agents : 55. — Total des traitements :
129.100 francs.

Traitement moyen : $\dfrac{129.100}{55} = 2.347$ francs.

Versement moyen annuel pour chaque agent, le taux

étant égal dans le département à 6 0/0 : $\dfrac{2.347 \times 6}{100} =$
140,82.

On peut prendre comme âge moyen d'entrée dans le
service 25 ans, et comme âge de mise à la retraite 60.

En versant à la Caisse nationale des retraites 1 franc
par an pendant ces 35 années, on obtiendrait à 60 ans
une rente de 8 fr. 832 (d'après le barême publié par la
Caisse en exécution de l'art. 27 de la loi du 20 juillet
1886).

Avec la retenue opérée sur le traitement des agents
voyers, le département pourrait donc assurer à chacun
d'eux une rente égale à :

8.832 × 148 fr. 82 = 1.243 fr. 72.

Or, les agents départementaux, après 35 ans de service, ont une retraite égale aux 4/5 de leur traitement.

En supposant qu'à l'époque de la mise à la retraite le traitement moyen des agents voyers soit égal à 3.000 fr., chiffre certainement inférieur à la réalité, le montant de la pension à leur servir sera donc égal à $\dfrac{3.000 \times 4}{5} =$ 2.400 francs, d'où une différence par agent à parfaire par le département égale à 2.400 — 1.243 fr. 72 = 1.156 fr. 28.

Nombre d'agents à la retraite. — Dans le corps des ingénieurs des ponts et chaussées, l'âge de mise à la retraite varie de 60 à 70 ans.

Pour 640 ingénieurs qui figurent à l'annuaire du Ministre des Travaux publics (année 1895), il y en a 244 à la retraite, soit un coefficient égal à $\dfrac{244}{640} = 0{,}381$.

Le personnel vicinal devant se composer de 55 agents, le nombre des agents qui seront à la retraite, sera égal au minimum à $55 \times 0{,}381 = 20{,}95$.

Le déficit annuel à combler par le département s'élèverait donc à $1.156{,}28 \times 20{,}95 = 24.224$ francs.

Veuves.

La caisse nationale ne servirait aucune pension aux veuves des fonctionnaires qui auraient versé dans les conditions énumérées ci-dessus.

Le département aurait donc à supporter l'intégralité de la pension à leur servir, qui est égale dans le département à la moitié de celle des maris, soit 1.200 francs.

Pour 640 ingénieurs, 249 veuves bénéficient de la retraite, soit un coefficient égal à $\dfrac{249}{640} = 0.389$.

Il y aurait donc environ 55×0.389 veuves d'agents voyers bénéficiant de la retraite, soit 2.39.

Le déficit annuel à combler par le département serait égal à $1.200 \times 21.39 = 25.668$ francs.

Le déficit annuel total à supporter pour les retraites, s'élèverait donc dans quelques années à $24.224 + 25.668 = 49.892$ francs.

Il ressort des chiffres donnés ci-dessus que les départements assumeraient des charges qui pour quelques-uns d'entr'eux seraient vraiment excessives. Mais qu'importe, dit-on, que les dépenses des départements augmentent puisque celles de l'État diminuent. Nous avons déjà contesté la véracité de cette allégation en démontrant que l'État ne profite pas autant qu'on veut bien le dire d'une diminution de charges. Mais en tous cas, lorsque nous aborderons l'étude des voies et moyens par lesquels on se propose de trouver les fonds nécessaires nous verrons qu'il est bien plus malaisé de créer des ressources nouvelles pour les départements, parce que l'assiette de l'impôt est bien plus restreinte que lorsqu'il s'agit des finances de l'État.

Les partisans du déclassement ne se contentent pas d'invoquer les prétendues économies de personnel, ils prétendent encore que les agents voyers entretien-

nent à meilleur compte les chemins qui rentrent dans
leur service. Il est devenu de mode de crier bien haut
après le gaspillage des ingénieurs. Mais on ne voit pas
trop comment par suite d'un simple changement de nom,
les routes nationales deviendraient d'un entretien plus
économique. Est-ce parce que le personnel des agents
voyers aura supplanté partout celui des ingénieurs?
Nous reconnaissons les mérites des agents voyers, mais
comme l'a fort bien démontré M. Yves Guyot, le recru-
tement variable selon les départements ne présente pas
les mêmes garanties que celui des ingénieurs et conducteurs des ponts et chaussées. « Comment avec un
personnel dont la valeur technique est manifestement
inférieure pourrait-on arriver à ce résultat inattendu
de faire mieux et à meilleur marché? Prétend-on réaliser une économie sur les matériaux? Mais de deux
choses l'une, ou bien on veut conserver à la route nationale son caractère absolu, c'est-à-dire la largeur et l'é-
paisseur de chaussée nécessaires; il faut la même quantité de matériaux et de même qualité ; ou bien alors on
veut dénaturer cette voie en la réduisant complètement.
Dans ce cas, évidemment, on réalise une économie,
car le meilleur moyen de diminuer une dépense, c'est
encore de ne pas la faire. Pense-t-on faire une économie
sur la main-d'œuvre? — Mais il est fort difficile de réduire les traitements des agents subalternes. Du reste,
l'administration des ponts et chaussées, lorsqu'elle est
chargée de l'entretien de la voirie départementale, les

paie d'après les tarifs arrêtés par les conseils généraux. La base est donc la même et pour le service des agents voyers et pour celui des ingénieurs » (Yves Guyot).

L'économie proviendrait-elle de ce que les agents voyers auraient recours à de meilleures méthodes d'emploi que les ingénieurs et conducteurs? On ne peut le soutenir, car ce sont les procédés techniques des ingénieurs qui servent de modèles. Néanmoins, on a cru pouvoir dresser des statistiques aux termes desquelles les travaux exécutés par les agents voyers coûteraient moins cher que ceux faits par les ingénieurs. Tout d'abord, il faut faire observer qu'il est très difficile d'établir une comparaison dans le prix de construction, surtout lorsqu'il s'agit d'ouvrages d'art. Les difficultés techniques peuvent ne pas être les mêmes, mais en supposant que les conditions d'exécution soient identiques, il n'en est pas moins vrai que les dépenses peuvent être plus ou moins grandes selon la témérité ou la prudence de l'auteur du projet. Il y a enfin certaines études préliminaires qui sont onéreuses. Un constructeur de ponts peut, se référant à des travaux effectués dans le voisinage, chercher à économiser sur les sondages, sur les mesures de protection à donner aux piles et culées. Sans doute, il aura ainsi en apparence ménagé les deniers publics et il arguera de cela pour faire ressortir la supériorité de ses procédés de construction. Oui, mais quelquefois l'avenir se charge de lui donner un cruel démenti, car cet ouvrage trop légèrement construit peut disparaître alors qu'un autre qui aura nécessité des dépenses de premier établissement jugées excessives demeurera en entier. Il est donc difficile de faire la balance entre les différents prix de revient des constructions de même nature. A plus forte raison, quand on tente de rapprocher le coût des travaux exécutés par les ingénieurs sur les routes nationales avec les travaux exécutés par les agents voyers sur les chemins vicinaux on s'efforce de comparer deux valeurs absolument différentes. C'est à peu près comme si on voulait mettre en rapport les prix de revient des chemins de fer à voie large avec ceux des tramways économiques.

Aussi a-t-on abandonné cet argument qui évidemment péchait trop par la base. On s'est rejeté sur les frais d'entretien des routes des diverses catégories et on a prétendu que les dépenses de routes nationales étaient supérieures aux dépenses d'entretien des chemins vicinaux dans une proportion que ne justifiait nullement la variété de types de ces deux voies. Mais sur ce terrain il ne nous sera pas difficile de démontrer que la comparaison est tout à l'honneur des ingénieurs.

Dans un remarquable rapport, M. Mazoyer, ingénieur en chef des ponts et chaussées, a prouvé à l'aide de chiffres irréfutables que les critiques adressées aux ingénieurs ne reposaient sur aucun fondement. Il emprunte les données de sa démonstration aux statistiques graphiques publiées par le Ministère de l'Intérieur en 1883. Elles sont relatives à l'année 1880, mais du moment qu'elles établissent que les attaques dirigées contre le corps des ponts et chaussées sont mal fondées, comme ces attaques se sont fait jour depuis de longues années, on pourra juger de leur valeur.

L'album de statistique vicinale relatif aux résultats de 1880 donne :

1° A la planche n° 6 :

La comparaison des prix moyens de construction des chemins vicinaux de toute catégorie ;

2° A la planche n° 7 :

La comparaison des prix moyens d'entretien des chemins vicinaux de toute catégorie ;

3° A la planche n° 9 :

La comparaison des dépenses de personnel vicinal.

Dans les graphiques des planches 6, 7 et 9, tous les départements sont classés par ordre de prix de revient croissants.

Si maintenant on se réfère à l'*Annuaire du Ministère des Travaux publics*, on peut y relever les vingt-huit départements qui, à cette époque, avaient confié leur service vicinal aux ingénieurs.

Ces vingt-huit départements étant répartis dans toutes les régions de la France, on peut comparer avec de sérieuses chances d'exactitude les résultats obtenus par les deux services dans une même œuvre et dans des circonstances analogues :

1° La construction et l'entretien du réseau vicinal ;

2° Les frais de personnel des services correspondants.

Si maintenant l'on divise en deux groupes les prix de revient indiqués sur les planches 6, 7 et 9 de l'*Album du Ministère de l'Intérieur*, l'un de ces groupes étant relatif aux départements dont le service vicinal est confié aux ingénieurs, l'autre relatif aux départements dont le service vicinal est confié aux agents voyers, si dans chacun de ces deux groupes on rétablit le classement par un ordre de prix de revient croissants, on obtient les graphiques représentés par les fig. 1, 2 et 4 de chacune des Pl. 25, 26 et 27.

L'ensemble de cette comparaison porte sur toute la France ; on n'en a excepté que le département tout à fait exceptionnel de la Seine.

On peut maintenant établir avec ces graphiques les moyennes des prix de revient des deux groupes de départements pour chacune des natures de dépenses.

C'est ce qui a été fait graphiquement sur les dessins et ce qui conduit aux résultats arithmétiques ci-après :

1° Construction.

	Prix de revient	INGÉNIEURS	AGENTS VOYERS	
		Longueur totale applicable	Prix de revient	Longueur totale applicable
	fr.	kil.	fr.	kil.
Chemins vicinaux de grande communication.....	13.685	1.426.860	12.716	2.577.845
Chemins d'intérêt commun.........	8.944	3.204.360	9.337	12.623.115
Chemins vicinaux ordinaires..........	4.97	48.204.325	6.269	71.925.385

L'on voit que pour les chemins de grande communication seuls la moyenne des prix de revient est supérieure pour les ingénieurs.

Mais si l'on établit la moyenne générale proportionnelle aux longueurs, on obtient :

1° Pour les services d'ingénieurs :

$$\frac{p1 + p'1' + p''1''}{1' + 1' + 1''} = 1.426.860 \ x \ 13 \ f. \ 685 + 3.204.360 \ x$$

Si on applique cette différence par mètre courant aux 17.000 kilomètres en construction en 1880, dans l'ensemble des services des agents voyers on arrive à ce résultat que si l'on avait partout confié en France la construction des chemins vicinaux aux ingénieurs on réaliserait une économie annuelle considérable. Quant à l'entretien on arrive à des chiffres qui sont encore par eux-mêmes plus éloquents.

2° Entretien.

	INGÉNIEURS		AGENTS VOYERS	
	Prix de revient	Longueur totale applicable	Prix de revient	Longueur totale applicable
	fr.	kil.	fr.	kil.
Chemins vicinaux de grande communication	0.3475	31.453.695	0.376	71.361.677
Chemins d'intérêt commun	0 241	18.684.065	0.293	52.158.549
Chemins vicinaux ordinaires..........	0.1396	69.839.466	0.164	173.477.503

La moyenne générale proportionnelle aux longueurs établie comme ci-devant, donne : comme différence par mètre courant en faveur des ingénieurs : 0 f. 03.

Si l'on applique cette différence de 0 fr. 03 aux 296.998 kilomètres de chemins vicinaux entretenus en 1880 par les services d'agents voyers, on doit conclure qu'on aurait réalisé une économie annuelle de 8.900.000 francs en confiant l'entretien du réseau vicinal tout entier aux ingénieurs.

Depuis 1880, ces derniers chiffres n'ont pu que s'accroître avec le développement du réseau vicinal.

Le tableau relatif aux frais de personnel donne lieu aux résultats suivants :

	INGÉNIEURS	AGENTS VOYERS
Frais de personnel	2.493.709 37	6.552.496 67
Longueurs applicables	130.556 kil.	299.656 kil.
Dépense moyenne par kilomètre	19 fr. 10	21 fr. 86

« Si l'on appliquait cette différence de 2 fr. 76 par kilomètre à la longueur des chemins entretenus par les agents voyers, on voit qu'on pourrait, rien que sur le budget du personnel, réaliser une économie annuelle de 820.000 francs.

Ces chiffres prouvent, sans contestation possible, que le personnel des ponts et chaussées sait proportionner, dans l'administration des voies de toute nature, les dépenses à faire aux résultats à obtenir, et qu'il ne se laisse pas plus dépasser par les services rivaux, sous le rapport d'une gestion économique des deniers publics, que sous le rapport, non contesté, de la bonne exécution des travaux.

On peut même remarquer que toutes les fois que les routes nationales, le réseau départemental et le réseau communal se trouvent réunis dans un service fusionné, la dépense d'administration s'élève sans doute mais de peu et reste comparable aux frais d'entretien des autres voies de catégorie inférieure. Si on prend par exemple la Nièvre on trouve dans le projet de service fusionné que les dépenses à la charge du département reviennent à environ 19 fr. 54 par kilomètre. Si on cumule toutes les dépenses de personnel à la charge de l'État pour les routes nationales et du département pour les chemins vicinaux, et qu'on ajoute les longueurs à l'état d'entretien des trois réseaux de l'État, du département et des communes, on trouve 29 fr. 80 par kilomètre comme chiffres d'ensemble. Il n'est donc pas nécessaire de déclasser les routes nationales, il suffirait de fusionner ce service avec celui des chemins vicinaux et d'en remettre la direction aux ingénieurs de l'État pour obtenir une gestion économique » (Mazoyer).

La prétendue réforme aboutirait donc à cette conséquence : surcharge considérable pour les départements, surcharge qui équivaudrait exactement à l'économie réalisée par l'État. Il n'y aurait donc là qu'une apparence puisqu'il y a simplement déplacement de dépenses. Cette mutation de charges peut être désastreuse pour les départements à plusieurs points de vue :

en effet, en dehors des dépenses fixes qui incomberaient aux départements, il en est d'autres d'aléatoires et qui pourraient grever lourdement certains d'entre eux. Nous voulons parler des indemnités qui peuvent être dues à l'occasion des dommages causés par l'exécution des travaux publics. La réfection de routes ou l'ouverture de voies qui comportent quelquefois des travaux d'art considérables est de nature à causer des dommages matériels aux propriétés riveraines. La jurisprudence des tribunaux administratifs abonde en exemples : éboulement de terrains par suite de creusement de tranchées (1), glissement et déformation de sol causés par le dépôt de déblais sur les terrains voisins (2), maison ébranlée par les travaux (3), infiltration dans les caves par suite de travaux (4). La jurisprudence du Conseil s'élargit même de jour en jour et ne s'attache plus aussi étroitement à la formule du dommage direct et matériel. Elle apprécie d'une manière plus favorable aux droits des particuliers les atteintes qui peuvent provenir du fait de l'administration ou des entrepreneurs et dans son souci de protéger les tiers, elle se déclare même compétente pour apprécier les dommages causés aux personnes (5).

(1) Conseil d'Etat, Hagermann, 29 mai 1860, Lebon, p. 278.
(2) Conseil d'Etat, Debains, 16 février 1860, Lebon, p. 136.
(3) Conseil d'Etat, Adrian, 1864, Lebon, p. 715.
(4) Conseil d'Etat, 11 mai 1854, Chemins de fer du Nord, Lebon, p. 426. Conseil d'Etat, 1875, Chemins de fer d'Orléans, Lebon, p. 570.
(5) Dalifol, 1863.

Il peut donc y avoir pour le département chargé de l'entretien des routes nationales et de leurs travaux d'art danger d'être exposé à des responsabilités onéreuses, parfois même écrasantes. L'État est plus à même de supporter ces dépenses extraordinaires parce que réparties entre l'universalité des contribuables elles ne lui pèsent guère, tandis que localisées dans un département elles peuvent lourdement grever ce budget naturellement restreint.

Cette perspective est de nature à pousser les départements dans la voie de la résistance s'il s'agissait de construire de nouvelles routes. C'est en effet un vice même du projet de déclassement de ne pas prévoir le cas où il serait nécessaire de créer des routes nouvelles. Supposons en effet qu'il soit indispensable d'ouvrir une route devant traverser plusieurs départements, par exemple lorsqu'un intérêt stratégique est en jeu, comment pourra-t-on y arriver ? On ne pourra certainement pas en faire une route nationale puisque ce type de chemin aura disparu, ce sera dit-on une route militaire, mais nous savons que les routes stratégiques qui ont été établies et notamment sous le second empire ont été absolument assimilées aux routes nationales. De sorte que l'on revient toujours se heurter à la même difficulté. Comment imposer aux départements l'obligation de construire et d'entretenir une voie de cette nature ? Il faudrait pour cela qu'il y ait accord entre les divers départements intéressés et cet accord ne pourrait s'établir qu'au moyen des conférences interdépartementales prévues par l'article 89 de la loi du 10 août 1871. Qu'un seul département s'y refuse et le projet doit être abandonné. L'Etat n'aurait donc alors qu'une ressource : exécuter la route à ses frais, c'est-à-dire, en réalité, créer une route nationale et on arrive ainsi à cette conclusion forcée, c'est que toutes les fois qu'il s'agit de l'intérêt général l'Etat a seul qualité pour agir.

Il ne suffit pas de vouloir réformer, il faut aussi trouver les moyens pratiques de réaliser ces modifications. On décharge bien l'État mais on grève les départements ; or, au point de vue du contribuable, le résultat est le même, bien plus, fort souvent, ces prétendues économies dissimulent des aggravations d'impôts.

En supprimant au budget de l'État les dépenses qui y figurent normalement on crée des disponibilités. Malheureusement, la plupart du temps, ces économies sont vite absorbées par de nouveaux services ; c'est un procédé qui fut cher au premier empire ; quand on n'arrivait pas à équilibrer d'une façon satisfaisante les recettes et les charges on faisait paraître un décret portant libéralité à l'égard des départements, décret qui en réalité déplaçait simplement des charges. Il faut donc déjà accueillir avec la plus grande circonspection ces projets qui dégrèvent l'un pour grever l'autre. Puis, c'est évidemment le plus difficile, il faut trouver les ressources nécessaires.

Le problème, il est vrai, n'est pas de nature à effrayer

les économistes audacieux ; c'est ainsi que l'on n'a pas
hésité à reprendre à cette occasion une théorie jadis
développée par M. Léon Say et qui consiste à réaliser
au profit des départements une véritable décentralisation financière. L'État ferait abandon aux départements
d'une certaine catégorie d'impôts qui, jusque-là, étaient
classés parmi les impôts généraux, par exemple, l'impôt foncier. En échange de cette concession on impose-
rait aux départements le soin d'assurer certains services actuellement à la charge de l'État , notamment
celui des routes nationales. Ce projet mérite de sévères
critiques : d'abord l'impôt foncier est une des ressources les plus utiles pour l'État ; *l'impôt sur les propriétés
non bâties* est en effet un impôt de répartition, il a donc
ainsi un caractère de fixité très précieux ; on a dit que
c'était le pain assuré pour un État, car il lui est très
utile de posséder des ressources à échéances détermi-
nées qui permettent de faire face aux premiers besoins
en attendant la rentrée des autres impôts. On ne peut
donc songer sérieusement à priver l'État d'un pareil
avantage et puis, une pareille réforme serait la porte
ouverte à de véritables abus. Pourquoi ne pas étendre
à d'autres impôts le même système ? on arriverait ainsi
à reconstituer des provinces indépendantes, à créer des
républiques au petit pied. La décentralisation financière
a pour corollaire obligé la décentralisation administrative et toutes deux poussées à l'extrême conduisent à
l'anarchie. Nous répudions pour notre part ces dange-

reuses doctrines qui, il faut le reconnaître, n'ont pas encore trouvé d'écho favorable au sein du Parlement.

Mais, les partisans du déclassement des routes nationales ne procèdent point tous de façon aussi radicale. Il en est qui pensent qu'il est possible d'assurer aux départements de larges moyens sans bouleverser pour cela tout notre système financier. Ces réformateurs plus timides proposent d'augmenter le nombre des centimes additionnels aux quatre contributions directes, centimes additionnels qui constituent le fond des budgets départementaux. On peut déjà, contre ce projet, soulever une première objection tirée de considérations pratiques. Le chiffre des centimes additionnels est actuellement fort élevé, souvent même il dépasse le principal, il y a donc une limite que l'on ne peut dépasser sous peine de tarir la source même de l'impôt et de susciter de légitimes réclamations de la part des contribuables. Mais en dehors de ce motif qui a déjà sa valeur, il y a une autre raison qui doit faire complètement écarter ces propositions. La route nationale même déclassée n'est pas moins destinée à donner satisfaction à des intérêts généraux. Elle reste affectée à l'usage de tous. Tel est son rôle essentiel, et les partisans du déclassement déclarent bien haut que la réforme projetée ne modifierait en rien le caractère d'utilité générale de cette voie. S'il en est ainsi, il y a quelque injustice à faire supporter à une seule classe de contribuables, ceux qui payent les impôts directs, une charge qui est générale, tandis que le budget de l'État alimenté par les impôts de toute nature peut seul équitablement faire face à des dépenses d'utilité commune.

Enfin, parmi les partisans du déclassement, il s'en est rencontré qui prétendent que la fusion des services une fois opérée on pourrait mieux utiliser les prestations en nature affectées exclusivement par notre législation aux besoins de la vicinalité. Dans les départements pauvres du centre ou du midi de la France, les prestataires préfèrent généralement s'acquitter en nature au temps où l'agriculture chôme. De sorte que dans certaines régions, il y a pléthore de main-d'œuvre et défaut de ressources pécuniaires. Ne pourrait-on pas, dit-on, en combinant les ressources nature et les ressources argent et en faisant une application générale aux voies publiques de toutes catégories, arriver à des résultats meilleurs pour le grand bien des contribuables (Journal *La dépêche de Toulouse*, 2 et 3 janvier 1896).

Nous pensons que l'adoption d'une pareille mesure serait désastreuse ; en effet, une main-d'œuvre aussi inexpérimentée que l'est celle fournie par les prestataires peut à la rigueur suffire pour l'entretien de chemins locaux qui ne possèdent que de faibles longueurs de parcours, des épaisseurs de chaussées réduites et par conséquent ne nécessitent pas une grande compétence technique. Mais la route nationale par suite de son importance et des travaux d'art qu'elle comporte ne saurait s'accommoder d'un tel régime. Du reste, même restreinte à la vicinalité, l'institution des prestations en nature est loin de rendre les services qu'on pourrait croire et les hommes de l'art sont généralement unanimes pour demander sa suppression. Dans ces conditions, vouloir l'étendre aux grandes routes, ce serait compromettre gravement les intérêts de notre voirie. Enfin, ce système serait très mauvais à un autre point de vue. Les conseils généraux, qui d'après le projet administreraient les routes déclassées, auraient une fatale tendance à avantager les chemins de pure circulation locale. De sorte que les chemins vicinaux absorberaient d'importantes allocations en argent alors que des routes importantes seraient réduites à des prestations en nature.

Franchement de telles éventualités sont-elles admissibles ?

Lorsque l'on aborde l'étude des voies et moyens qui permettraient aux départements de subvenir à des dépenses nouvelles et considérables, on voit donc combien il est difficile d'arriver à une solution satisfaisante ; la réforme proposée nous paraît de ce chef absolument irréalisable, tant il est vrai que l'on ne peut aller à l'encontre de la logique des choses. Au service d'utilité publique doit forcément correspondre la nécessité de l'administration générale de l'État et aucune décentralisation n'est possible. Aussi est-on forcément arrivé à reconnaître que les départements ne pourraient pas trouver en eux-mêmes les ressources suffisantes pour faire face à ces nouvelles dépenses et la conséquence c'est que le concours pécuniaire de l'État devient nécessaire.

C'est ce qu'a compris M. Auricoste, auteur du projet de déclassement et, dans un amendement il spécifie que l'État sera tenu de fournir aux départements une importante subvention.

Amendement au projet de loi portant fixation du budget général de l'exercice 1896, présenté par M. Auricoste, député (1).

LOI DE FINANCES

ART. 72.

Les routes nationales sont déclassées et remises aux départements, pour être incorporées à leur réseau départemental ou à leur réseau vicinal de grande communication ou d'intérêt commun.

A dater du 1er janvier 1897, elles seront entretenues, réparées, rectifiées ou construites par leurs soins, au moyen de subventions de l'État, fixées d'après les bases ci-après :

1° Allocation d'une subvention annuelle répartie à forfait entre les départements, pour les dépenses d'entretien et de réparations ordinaires, au prorata des dépenses faites par l'État, dans chacun d'eux, pendant les dix dernières années.

(1) Voir les n°ˢ 1310, 1311, 1349, 1382 et la nouvelle rédaction de la Commission du 4 décembre 1895.

Le forfait sera augmenté, dans chaque département, de la dépense nécessaire pour frais de personnel et frais généraux, évaluée (la dépense) à 40 francs par kilomètre de route.

Dans les départements où les routes ne sont pas achevées, le forfait sera majoré, au fur et à mesure de l'avancement des lacunes, de la dépense correspondante aux longueurs nouvelles à entretenir.

2° Allocation de subventions exceptionnelles pour grosses réparations ou travaux neufs, distribuées dans les conditions applicables aux chemins vicinaux, mais avec substitution de l'État au département pour la quote-part qui pourrait incomber à ce dernier, après déduction des offres et sacrifices des intéressés ;

3° Les départements seront tenus de conserver en bon état d'entretien les routes déclassées. L'État s'assurera que cette obligation est remplie, par l'institution, au Ministère de l'Intérieur, d'un Comité de contrôle auquel seront adjoints des représentants de l'autorité militaire. Les défectuosités constatées dans l'entretien seront réparées moitié aux frais du département, moitié aux frais de l'État ;

4° Les départements ne pourront affecter des contingents communaux aux anciennes routes nationales incorporées au réseau vicinal qu'avec l'adhésiou expresse des conseils municipaux ;

5° Pendant l'année 1896, le Gouvernement est invité à préparer, au moyen des fonctionnaires et agents des ponts et chaussées devenus libres par la fusion des routes, un projet de loi organisant un service spécial et régional comprenant :

a) La rectification et la réfection du cadastre,

b) Le nivellement général de la France,

c) Le service d'hydraulique agricole ;

6° Un règlement d'administration publique déterminera les conditions de fonctionnement du nouveau service de voirie.

CHAPITRE II

Mais la proposition de M. Auricoste manque de logique, car on ne conçoit pas très bien comment l'État
serait amené à allouer d'aussi fortes subventions pour
l'entretien des routes nationales après en avoir fait un
abandon complet aux départements. Cette objection
n'a pas manqué de frapper certains esprits qui se sont
arrêtés à une solution intermédiaire, laquelle renou-
velle en le généralisant le procédé de 1811. L'État con-
serverait la domanialité publique des routes nationales,
mais il en remettrait l'entretien aux départements sauf
à leur payer une forte indemnité. Ce serait là un véritable marché de travaux publics. C'est ainsi que
M. Henry Boucher a présenté un amendement à l'article 72 de la loi de finances pour 1896, amendement ainsi
conçu :

« Art. 72. — A partir du 1ᵉʳ janvier 1897, l'entretien et la construction des routes nationales seront remis aux départements, aux conditions ci-après, sur
l'application desquelles les conseils généraux seront
préalablement consultés par le Ministre de l'Intérieur
et sans qu'il soit dérogé aux articles 45 et 46 de la loi
du 10 août 1871.

« Il sera alloué par l'État, pour l'entretien et les réparations ordinaires des routes nationales, une subvention annuelle de 28.079.400 francs qui sera répartie entre les divers départements d'après la longueur du réseau à entretenir et la moyenne des dépenses kilométriques d'entretien ordinaire et extraordinaire relevées pendant les dix dernières années.

« L'État conserve la charge des dépenses effectuées pour travaux neufs, réparations exceptionnelles résultant de cas de force majeure, construction de ponts et travaux applicables aux lacunes, prescrits par le Ministre de l'Intérieur, dans la limite des crédits budgétaires.

« Il sera alloué aux départements un crédit égal à la somme actuellement affectée par l'État à la rétribution du personnel chargé des routes nationales sous réserve du partage par moitié entre l'État et le département des économies successives du personnel résultant de l'unification des services de voirie.

« Toutefois, les départements ne bénéficieront de l'économie constatée qu'après la première année et dans les proportions suivantes :

« 2ᵉ année, un dixième de l'économie totale ;

« 3ᵉ année, 2 dixièmes de l'économie totale ;

« 4ᵉ année, 3 dixièmes de l'économie totale ;

« 5ᵉ année, 4 dixièmes de l'économie totale ;

« 6ᵉ année et suivantes, 5 dixièmes de l'économie totale ;

« Au premier janvier de chaque année, le Ministre de l'Intérieur dressera le compte des économies de personnel successivement obtenues par suite de la fusion des services, et proposera la ventilation des sommes qui, aux termes des dispositions ci-dessus, devront être inscrites au budget de l'Intérieur pour être réparties entre les départements ou transportées au Ministère des Travaux publics.

« Notification sera faite aux conseils généraux, lors de la première session ordinaire de 1896, des bases de calcul des subventions d'entretien et de personnel qui leur seraient attribuées en vertu des dispositions qui précèdent.

« La largeur d'entretien des routes nationales ne pourra subir aucune modification sans l'autorisation préalable du Ministre de l'Intérieur, donnée après avis du Ministre de la Guerre.

« A partir du premier janvier 1897 et pendant une période de cinq années, les préfets ne pourront pourvoir aux vacances dans les services de voirie qu'au moyen de sujets choisis dans l'ensemble du personnel départemental et du personnel précédemment affecté aux routes nationales, sans être tenus toutefois de charger les agents actuellement au service de l'État des fonctions d'agent voyer en chef ou d'arrondissement.

« Les détails d'application des dispositions générales qui précèdent, notamment en ce qui concerne les retraites des agents de l'État passés au service des départements, seront réglés par un décret rendu en Conseil d'État. »

Le système ainsi proposé par M. Boucher est peu favorable aux départements. En effet, les conseils généraux sont bien consultés au préalable sur les éléments qui doivent servir de base à la fixation de l'indemnité annuelle, mais ils ne peuvent librement discuter avec le Gouvernement le chiffre même de l'allocation. Que dirait-on d'un bail dont toutes les conditions d'exécution seraient arrêtées entre le propriétaire et le locataire et dont le propriétaire pourrait à son seul gré fixer le prix. Ce serait là un contrat léonin au premier chef. Ce sont pourtant bien les dispositions de l'amendement Boucher. On impose aux départements une fusion qu'ils ne souhaitent généralement pas et on ne leur reconnaît ni la faculté de s'y soustraire, ni le droit de discuter l'indemnité compensatrice. Pourtant le département constitue une personne morale (1); le département peut librement gérer la domanialité publique départementale, article 46, loi de 1871, sa fortune privée. N'est-ce pas porter une atteinte grave aux franchises locales comprises dans le bon sens du mot, que d'imposer ainsi sans discussion possible d'aussi lourdes obligations.

Le chiffre de l'allocation attribuée aux départements dans le projet Boucher reste donc arbitrairement laissé à l'appréciation des bureaux du Ministère de l'Intérieur, et on voit de suite quel abus il en pourrait être fait au point de vue politique. Ces considérations ont fait

____

(1) Décret de 1811, lois de 1833, 1837, 1871.

impression sur certains esprits impartiaux, aussi la
commission du budget avait-elle arrêté une autre rédaction où elle se montrait plus respectueuse des droits du
département. Elle admettait le libre contrat passé entre
l'État et les départements. La fusion ne pouvait être opérée que si les départements y consentaient et tous les
éléments du contrat y compris le chiffre de la subvention
devaient être contradictoirement examinés. C'est seulement en cas de défaut d'entente entre les deux parties
en présence, que le Parlement (et non pas l'Administration) statuait définitivement. Comme le faisait remarquer M. Camille Krantz, rapporteur de la Commission,
le système de la commission se trouvait basé sur : 1° la
nécessité d'un véritable bail d'entretien entre chaque
département et l'État ; 2° la constitution dans chaque
département d'un personnel unique choisi librement
par le conseil général ; 3° la surveillance et l'organisation des routes par les conseils généraux ; 4° la double
garantie offerte contre tous mécomptes aux départements et à l'État. Ce système, ajoutait M. Krantz, faisait
ainsi disparaître les inconvénients principaux inséparables du système de M. Boucher, maintien d'un double
personnel, allocations aux départements arbitrairement
fixées, méfiance inévitable des conseils généraux à
l'égard de la réforme. La commission proposait un rat-
tachement au Ministère des Travaux publics, persuadée
que c'était la seule manière de réaliser la réforme. »

Mais la Chambre, dans sa séance du 30 novembre

1895 , a pris en considération l'amendement de M. Boucher et a repoussé le système de la commission vivement combattu par le Président du Conseil. Pour nous, tout en reconnaissant que la commission du budget s'était ralliée à une solution plus libérale, nous ne pouvons admettre aucun de ces systèmes absolument bâtards.

Tout d'abord, comme nous l'avons fait observer, la réforme comporte un véritable marché de travaux publics passé entre l'État et les départements et le bien fondé de cette mesure peut être contesté. En effet, le principe fondamental en matière de travaux publics, c'est l'adjudication avec concurrence et publicité (1) ; or, ici, on déroge à cette règle fort importante du droit administratif et nous ne pouvons que nous élever contre une tendance fâcheuse du législateur moderne à traiter dans les lois de finances des questions qui devraient faire l'objet d'une étude plus approfondie. Mais en dehors de toute considération théorique, il faut reconnaître que la réforme présente de très grands inconvénients pratiques.

La loi du 28 pluviôse de l'an VIII a attribué au conseil de préfecture la juridiction en premier ressort pour connaître des procès entre l'État et les entrepreneurs de travaux publics ainsi que des décisions prises par l'Administration dans la mesure des pouvoirs qu'elle tient

____

(1) Ordonnance de 1837.

du cahier des charges. Si les conseils de préfecture statuent à charge d'appel devant le Conseil d'État, la juridiction au premier degré en tous cas est obligatoire et
le Conseil d'État n'admet pas que l'on puisse directement porter à sa barre, même par la voie de l'excès de
pouvoirs, des contestations qui relèvent de la juridiction
du conseil de préfecture (1).

Dans l'espèce, cette attribution de compétence au
conseil de préfecture peut être très fâcheuse, car, ces
tribunaux administratifs ont de nombreuses attaches
avec les départements où ils siègent et l'on peut craindre
que leurs décisions ne soient pas toujours empreintes
de l'esprit d'impartialité nécessaire. Le préfet pourrait
aussi se trouver dans une situation particulièrement délicate, car il est à la fois agent du pouvoir central et
magistrat départemental. Or, le préfet peut être appelé
à prendre des mesures sévères contre l'entrepreneur
qui ne s'exécute pas ; la mise en régie est une arme terrible aux mains de l'Administration. Il pourrait être
parfois très difficile au préfet de sévir avec énergie. Ce
sont là considérations auxquelles n'ont point songé les
rédacteurs du projet, mais qui apparaissent néanmoins
à quiconque a connaissance des règles du droit administratif.

---

(1) 1869, Goret; 1878, chemins de fer de Lyon; 1890, chemins de
fer du Midi et toute la théorie du Conseil d'État pour le recours
direct et parallèle. Laferrière, *Traité de la juridiction administrative*,
tome II.

Le principe d'une indemnité fixée à forfait nous paraît également très critiquable et, en effet, il est impossible de déterminer à l'avance, d'une façon immuable, le chiffre de cette indemnité. Si le département agit en honnête entrepreneur, s'il exécute loyalement son marché, il peut être exposé à des pertes sérieuses, car d'après le projet Boucher, on ne lui permet pas de convenir librement de son forfait et comme tout entrepreneur, le département sera obligé de subir tous les événements économiques qui se peuvent produire, augmentation de main-d'œuvre, grève, renchérissement du prix des matériaux, et par conséquent dans le cours d'une seule année, toutes les prévisions peuvent se trouver faussées. Ce sont là des dangers que les entrepreneurs ordinaires évitent généralement en ayant soin de se couvrir *in futurum* et conditionnellement *avant de soumissionner*. Cette faculté n'est pas reconnue au département dans le projet Boucher puisque le marché leur est imposé. Il est facile par quelques exemples pratiques de démontrer les préjudices auxquels seraient exposés les départements. Supposons par exemple que les départements de la frontière du Nord aient à exécuter des travaux de réfection à des ponts métalliques ; que dans le contart intervenu avec l'État, on ait calculé les dépenses d'après les prix moyens des poutrelles d'acier. Or, les aciéries belges de Marchienne-le-Pont ou de la Providence livraient à 12 et 13 francs les 100 kilos, alors que les usines françaises n'arrivaient à produire qu'à 15,50.

Pour établir une protection de nos usines, on a frappé cette année les aciers étrangers d'un droit de douane de 6 francs par 100 kilos, ce qui a amené une hausse considérable des fers français (actuellement à 17 francs). A la suite des modifications de ce genre, les départements liés par un marché forfaitaire peuvent subir de graves mécomptes. Si au contraire le département se comporte comme un entrepreneur très habile mais peu scrupuleux, il s'efforcera de réaliser des économies sur la qualité des matériaux, sur la perfection du travail et il appliquera ces économies à la satisfaction d'intérêts purement locaux. Pour empêcher ces abus, l'État serait obligé d'entretenir un personnel nombreux chargé de veiller à la loyale exécution des contrats. Mais alors, on peut se demander avec juste raison si ce personnel de surveillance ne serait pas plus utilement employé comme par le passé pour l'exécution de travaux en régie.

En admettant même que les départements ne soient exposés à aucune déception pendant la durée des travaux d'entretien, il ne s'ensuit pas qu'ils ne soient pas sujets à des pertes. En effet, ce qui, à notre sens, constitue une erreur capitale du système, c'est le mode de calcul que l'on prend pour base de l'indemnité à allouer. On choisit comme termes de comparaison, d'une part, la longueur des réseaux à entretenir et, d'autre part, la dépense moyenne effectuée pendant les 8 dernières années ; c'est aller ainsi à l'encontre de la vérité. On donnerait aux départements d'autant plus qu'ils auraient déjà reçu davantage. Si leurs dépenses d'entretien des dix dernières années ont été considérables, c'est que les travaux ont été importants et que, par conséquent, la réfection est chose faite. Au contraire, pour les départements où les travaux de première nécessité sont urgents, on se montrerait très parcimonieux sous prétexte que l'examen de la dernière période ne révèle aucun besoin ? Ce sont les routes nouvellement réparées et qui pourraient subsister longtemps sur leurs réserves de charge qui seront le mieux partagées ? Il est, en outre, très difficile d'établir une moyenne exacte ; en effet, l'intensité de la circulation varie d'année en année et dans certains départements où la dépense d'entretien a été jugée trop forte, on a corrigé les chiffres primitifs. Ce serait là encore une source de bénéfices illégitimes pour certaines régions puisque l'on ferait entrer en ligne de compte des éléments qui en réalité n'existent plus. Au contraire, dans d'autres localités, la circulation a pu augmenter d'intensité et, par conséquent, c'est la dernière année qui constituera le maximum de dépenses et pour ces routes, l'allocation ne sera pas suffisante puisqu'on la calculerait sur des chiffres inférieurs aux dépenses réelles de la dernière année.

Les partisans de l'amendement Boucher ont bien compris que c'était là un des points faibles de leur système. Aussi M. Bourgeois a-t-il eu soin de dire, lors de la dis-

cussion du projet, que sur les 28 millions, il n'en dis-
tribuerait que 24, se réservant ainsi 4 millions à l'effet
de pouvoir pendant le courant de l'année et suivant
les besoins procéder à une nouvelle et équitable répartition. Nous ne croyons pas que l'on puisse admettre
pareille solution et nous contestons absolument la légalité de ces fonds secrets de voirie. Si l'on est incapable
de fixer d'une façon rationnelle les subventions accor-
dées aux départements, c'est que le système en lui-même
est défectueux et il ne faut pas hésiter à l'abandonner.
Du reste, le projet comporte certains tempéraments qui,
dans la pratique, le rendraient absolument impossible.

L'amendement Boucher excepte en effet de l'indemnité forfaitaire les constructions neuves qui restent à la
charge de l'État, ainsi que les réparations extraordinaires résultant de faits de force majeure. C'est là une
des fissures de la loi par laquelle les conseils généraux
tenteront d'échapper aux lourdes obligations qui leur
seraient imposées. Presque toujours les conseils locaux
invoqueront la force majeure ; de là, nombreux procès,
expertises délicates et enfin perte sèche pour l'État, alors
que les départements ne manqueraient pas d'appliquer
à leur service vicinal ces économies ingénieusement réa-
lisées.

On le voit donc, le principe même de l'amendement
Boucher est absolument mauvais ; nous ne nous arrêtons
pas à une objection qui a été faite, mais qui ne nous paraît pas sérieuse, sur le danger que pourrait présenter

pour les départements l'annualité du vote par le Parlement. En effet, l'indemnité doit être votée chaque année par la Chambre et quelques esprits inquiets se sont demandé s'il n'y avait pas là une cause d'instabilité. Il faut leur répondre qu'une pareille éventualité n'est pas à craindre, que l'annualité de vote de tous les crédits est le principe fondamental de notre législation financière. On ne connaît point chez nous les budgets biennaux, triennaux, qui se pratiquent dans quelques pays. Nos pouvoirs publics tiennent néanmoins à ce que l'on puisse dire de l'État qu'il est solvable et honnête homme et on n'a jamais manqué de voter annuellement les arrérages des rentes et des pensions. Cette critique n'est donc point fondée et nous n'en tenons aucun compte. Le projet adopté par la Chambre en première lecture présente par lui-même d'assez graves imperfections pour que l'on écarte les objections peu sérieuses.

Le projet Boucher sacrifie en outre un personnel bien intéressant, celui des conducteurs et commis des ponts et chaussées. M. Raiberti, adversaire de l'amendement, n'a pas manqué d'en faire la constatation et dans les débats qui ont eu lieu à la Chambre, il a défendu avec énergie les droits méconnus des agents du Ministère des Travaux publics. En effet, il est dit dans le projet présenté par le député des Vosges que la fusion une fois opérée, les départements seront obligés d'employer, à titre d'agents voyers, les fonctionnaires des ponts et chaussées, affectés avant la réforme au service des rou-

tes nationales. Il faudrait donc faire une sorte de ventilation pour déterminer quels sont les conducteurs qui doivent passer au Ministère de l'Intérieur, quels sont ceux au
contraire qui doivent rester à la disposition du Ministre
des Travaux publics. Or, il faut compter un ensemble
de 2.400 conducteurs et commis, relevant actuellement
des Travaux publics. Sur ces 2.400 agents, un quart
environ devra rester attaché au Ministère des Travaux
publics pour assurer les services autres que ceux de la
voirie nationale, dont l'État conserve la charge. Il y
aurait donc à peu près 1600 employés de disponibles ;
ces 1600 agents devraient être replacés par le département au fur et à mesure des extinctions produites dans
le cadre des agents voyers, mais ces extinctions, même
augmentées du chiffre des agents qui prennent annuellement leur retraite, seront loin de permettre l'utilisa-
tion dans un laps de temps raisonnable de tous les fonctionnaires disponibles ; il en résulte donc pour ceux-ci
un préjudice très grave ; cela équivaut à un véritable li-
cenciement, sans respect des services rendus et sans
considération des droits acquis. Quant à ceux qui, plus
favorisés, passeraient au département à titre d'agents
voyers, leur situation serait amoindrie. En effet la
moyenne de traitement des agents voyers est notable-
ment inférieure à celle des employés des ponts et chaussées; les départements seront donc forcément tentés de
réaliser des économies sur le personnel, et cela se comprend d'autant mieux qu'il y aura surabondance d'em-

plois vacants. Les conducteurs ne seront plus ainsi que des commis d'entrepreneurs puisque le département sera entrepreneur de travaux publics pour le compte de l'État, et au point de vue moral, les conducteurs trouveront moins de garanties dans leur nouvelle situation; ils ne feront plus partie d'une grande administration s'étendant sur la France entière, leur permettant, en cas de conflit avec les autorités de départements, de sauvegarder leur indépendance en se faisant changer de poste ; les agents voyers qui sont les employés directs de tel ou tel département n'ont pas en effet cette faculté. Les conducteurs et commis des ponts et chaussées seront sous la direction du Ministère de l'Intérieur, ministère essentiellement politique, qui manifeste toujours de singulières tendances à augmenter par tous les moyens possibles la clientèle électorale.

La réforme proposée est très impopulaire parmi les agents du service des ponts et chaussées et des plaintes nombreuses se sont élevées et ont été reproduites à la Chambre par différents orateurs.

CONCLUSION

Après avoir examiné les différents systèmes qui ont
été proposés pour réformer notre organisation actuelle, nous en arrivons à cette conclusion qu'aucun de
ces projets ne peut être accepté par ceux qui ont quelque souci de sauvegarder l'intégrité de nos belles routes. Tout d'abord il est un intérêt considérable que l'on
méconnaît absolument. C'est l'intérêt de la défense
nationale. Mais, dira-t-on, n'a-t-on pas les chemins de
fer? Sans doute, on peut disposer en vue des guerres
futures de puissants moyens de transport pour concen-
trer en un point donné des masses de troupes, mais si
des opérations de mobilisation peuvent se faire en empruntant les voies ferrées, il n'en est plus de même des
mouvements tactiques; si magnifique que soit notre
réseau de chemins de fer, il ne pourra être utilisé à ce
point de vue. Forcément, on sera obligé de se servir des
routes et la route ne peut rendre d'efficaces services au
point de vue militaire que si elle réunit certaines qualités essentielles. Or, si la route nationale les possède
toutes au premier chef, c'est à la condition qu'il ne soit
rien changé à son type actuel; en faire abandon aux
départements,qui animés de sentiments égoïstes pourraient dénaturer cette belle voie afin de la réduire à la

mesure de leurs seuls besoins, ce serait compromettre l'intérêt national.

Lors des premiers débats qui eurent lieu à la Chambre, le Ministre de la Guerre s'était élevé avec la dernière énergie contre ces dangereux projets et nous publions ici la lettre dans laquelle il a fait entendre ses légitimes protestations.

« Bien que les chemins de fer soient devenus à notre époque l'instrument essentiel du transport des troupes et du matériel de guerre, les routes sont restées cependant des organes militaires indispensables, au bon état desquels il est nécessaire de veiller avec le plus grand soin.

Pendant la période de mobilisation et de concentration le passage sur les voies ferrées peut se trouver interrompu sur un point quelconque du territoire par des ruptures d'ouvrages d'art dues aux faits des agents de l'ennemi. Les troupes et le matériel doivent alors emprunter les routes voisines pour tourner l'obstacle.

La concentration terminée, les manœuvres stratégiques commencent. Elles peuvent avoir pour théâtre non seulement le territoire en avant de la ligne de concentration, mais encore, en cas de revers, le territoire en arrière. Or, pendant la période des manœuvres, c'est sur les routes qu'auront lieu presque exclusivement les mouvements militaires.

Il est donc indispensable à la défense que, sur toute l'étendue du territoire, l'armée trouve des routes en état de permettre le passage rapide des troupes et du matériel.

Les qualités requises d'une route militaire sont :

1° Une grande largeur ;

2° Une grande solidité de chaussée ;

3° La continuité.

Quand une colonne s'avance sur une route, il est indispensable qu'elle laisse sur l'un de ses côtés un espace libre suffisant pour permettre soit aux officiers de porter des ordres, soit à la cavalerie et à l'artillerie de se porter en avant. De là, nécessité d'une grande largeur.

Un corps d'armée comprend plus de 10.000 chevaux et près de 2.000 voitures (environ 8.000 colliers) dont un grand nombre de voitures d'artillerie qui peuvent avoir à marcher à une allure rapide. Le passage d'une telle charge occasionne une énorme usure de chaussées empierrées, d'où la nécessité d'une chaussée très solide.

Enfin, la continuité des moyens de circulation offerts par une route est une qualité maîtresse au point de vue militaire. Un passage rétréci, une partie de la chaussée mal entretenue qui se laisse couper sous la charge des premières voitures occasionnent un ralentissement local, qui, rompant l'ordre général de la marche et se répercutant sur l'allure de toute la colonne, peut faire perdre le fruit des fatigues imposées précédemment aux hommes et aux chevaux pour gagner du terrain. Ni les routes départementales, ni les chemins de grande communication ne présentent ces qualités essentielles. Leur largeur de plateforme n'est que de 6 à 7 mètres pour les chemins de grande communication, de 8 mètres en moyenne pour les routes départementales. Dans bien des départements, leur chaussée construite et entretenue en vue d'une circulation moyenne de 50 à 100 colliers par jour serait coupée et défoncée avant que n'aient défilé les 8.000 colliers d'un corps d'armée. Enfin, ces voies établies exclusivement en vue de la circulation locale présentent souvent sur une même direction des variations notables dans leur largeur comme dans leurs autres conditions d'établissement et manquent des qualités de continuité indispensables au mouvement rapide des troupes. Les routes nationales qui presque toutes ont été tracées et établies en vue des besoins stratégiques sont éminemment propres à servir de routes militaires. Leur largeur moyenne de plateforme est de 11 à 12 mètres et permet à la cavalerie ou à l'artillerie de doubler l'infanterie. Leurs chaussées entretenues avec soin, en vue d'une circulation journalière moyenne qui ne descend presque nulle part au-dessous de 100 colliers et qui dépasse sur certaines sections 1.500 colliers, résisteraient dans d'excellentes conditions au passage de plusieurs corps d'armée. Enfin, aussi bien au point de vue des largeurs de plateforme que de l'état de la chaussée, l'unité de vue que l'État a apportée dans la construction des routes nationales et dont il ne cesse de s'inspirer pour leur entretien assure à chaque route dans les divers départements qu'elle traverse la continuité nécessaire aux besoins militaires. Il y a donc un intérêt de premier ordre à conserver précieusement pour la défense nationale ces 37.000 kilomètres de grandes routes militaires dont le réseau couvre toute la France de ses mailles régulières et à n'en laisser sous aucun prétexte diminuer les qualités de viabilité. Le réseau des routes nationales maintenues en état de parfait entretien étant un élément essentiel de la défense nationale, le Ministre de la Guerre ne saurait sans compromettre cette défense souscrire, soit au déclassement de ces routes, soit à l'abandon de leur gestion directe par l'État. »

Cette lettre démontre d'une façon péremptoire quelles seraient les conséquences néfastes de la réforme proposée. Nous n'avons pas besoin d'insister à nouveau et la lecture de ce document suffit pour éclairer même l'esprit le plus partial. Ainsi donc, les mêmes intérêts se retrouvent encore de nos jours, intérêt stratégique, intérêt politique, intérêt industriel et commercial. L'intérêt politique sans doute n'est plus aussi impérieux; l'unité territoriale est un fait accompli et, par conséquent, le pouvoir central pourrait sans danger entretenir de moins étroites relations avec ses agents dans les provinces, mais en tous cas, la science a fait de tels progrès, que l'on dispose de moyens nouveaux et qui sont évidemment plus efficaces que l'emploi de courriers à cheval galopant sur les routes nationales. Les chemins de fer, le télégraphe, le téléphone, suffisent amplement à

assurer au gouvernement de rapides communications .
Reste l'intérêt industriel et commercial et c'est sur ce
point que les partisans du déclassement croient avoir le
triomphe facile. On dit couramment que le chemin de
fer a tué la route nationale. Il est facile de répondre. La
circulation sur la route nationale n'a fait qu'augmenter
d'intensité ainsi que les statistiques et comptages
opérés par les soins du Ministère des Travaux publics le
démontrent. En 1851, la circulation sur les routes nationales était de 244 colliers par jour ; en 1882, elle est
de 220 colliers, en 1888 de 241 colliers par jour, chiffre
presque égal à celui de 1851, l'époque qui précède
exactement la création des grandes lignes de chemins
de fer. Mais ce ne sont pas seulement les routes perpendiculaires aux chemins de fer qui ont conservé leur utilité, les routes parallèles aux voies ferrées ont vu également leur circulation s'augmenter. Le fait était déjà
constaté dans le rapport de M. Behic, ministre des Travaux publics, devant le Corps législatif en 1869 et cette
vérité n'a fait encore que s'affirmer de nos jours. Sur
certaines routes, la circulation a presque doublé. Sur
la route « d'Estrez-Saint-Denis à Soissons, le nombre
des colliers a passé de 1882 à 1888, de 165 à 244. De
Remiremont à la frontière, de 48 à 94 ; de Bellême à
Mortagne, de 47 à 98 ; de Vannes à Ploermel, de 121 à
259 ; de Clermont-Ferrand à Tulle, de 97 à 212 ; par
conséquent, les routes nationales conservent leur trafic
non seulement lorsqu'elles sont perpendiculaires au

chemin de fer, mais encore lorsqu'elles sont parallèles » (1).

Si même, on veut prendre la statistique de 1882 qui
est une année défavorable, on trouve encore des résultats fort satisfaisants. Il suffit en effet de rapprocher
des départements à circulation faible, de départements
à circulation intense et l'on verra qu'il y a encore un trafic considérable.

Circulation intense.

	Colliers par jour.	Colliers par an.
Nord	672.	245.280
Aude	398.	116.070

Circulation faible.

Creuse.	49.	17.000
Corrèze	114.	41.610

Toujours en 1882, le tonnage kilométrique moyen par
jour a été de 8.057.500 tonnes et par an de 2.940.258.000
tonnes. La statistique de l'année 1888 relève que pour
une longueur de 37.803 kilomètres de routes nationales, il y a eu sur ces voies un transport total de 1.734 millions de tonnes contre 3.179 millions de tonnes kilométriques, pour les 12.499 kilomètres de voies navigables
et 10.409 millions de tonnes kilométriques pour les
32.128 kilomètres de chemins de fer. Par conséquent,
la circulation sur les routes nationales reste encore dans

(1) Yves Guyot, *Trois ans au Ministère des Travaux publics*, chap. V,
§ 3.

une excellente proportion avec celle des chemins de fer.
Il suffit du reste de se reporter aux admirables études
faites par les soins du Ministère des Travaux publics (1).

On le voit donc, c'est une opinion erronée que celle
qui consiste à prétendre que les routes nationales
n'ont plus leur utilité. Ces grandes et belles voies rendent encore les plus grands services et l'on peut affirmer que dans l'avenir, elles sont appelées à une plus
grande prospérité. Et en effet, de nouveaux moyens mé-
caniques de transports ont été trouvés ; nous ne voulons pas parler ici de la vélocipédie qui n'est encore
qu'un art d'agrément, un sport de simple tourisme. Mais
nous pensons à l'automobilisme. On verra certainement
le roulage s'effectuer sur routes au moyen de locomobiles. On n'a qu'à se rappeler du reste que les premiers
essais de locomotives au début du XIXᵉ siècle eurent
lieu sur les routes nationales et que si ces tentatives
échouèrent, cela tenait non pas à l'imperfection de la
route, mais à la défectuosité du moteur. Aujourd'hui,
la science a progressé et l'on arrive à faire circuler sur
les routes des chariots automobiles. Le jour où l'emploi de ces véhicules sera tout à fait tombé dans le domaine de la pratique, on s'apercevra de l'utilité du ré-

(1) Ministère des Travaux publics, Direction des cartes, plans et
archives et de la Statistique graphique, recensement de la circulation des routes nationales en 1882, rapport de la Commission des
routes nationales, circulaires des 5 août 1881, 21 octobre 1881, 24 décembre 1881, 10 janvier 1882, 20 juin 1882, 2 janvier 1883, 12 mars
1883, 27 mars 1883, 25 juillet 1883.

seau des routes nationales qui en effet, par leur largeur,
leur épaisseur de chaussée, sont les seules qui puissent se prêter convenablement à la circulation des
trains automobiles. Ce nouveau mode de roulage offrirait au point de vue industriel et commercial de précieux avantages ; il éviterait les transbordements qui
constituent la pierre d'achoppement de nos transports
par chemin de fer ; et en effet, pour envoyer une marchandise d'un point donné dans un autre lieu, il faut
un premier camionnage à la gare d'expédition, un chargement sur wagon et ensuite un deuxième camionnage
de la gare de destination au point d'arrivée final. Le
roulage automobile aurait l'immense avantage de ne
pas exiger toute cette manutention. Il en résulterait par
conséquent une économie de main-d'œuvre et une diminution des risques. C'est un argument qui a bien sa
valeur puisqu'on l'a toujours employé avec succès pour
faire obstacle à la mise en pratique des chemins de fer
d'intérêt local à voie étroite.

Nous possédons un magnifique réseau de routes nationales qui fait l'envie des autres nations.

Déclasser ces belles routes par mesure générale ce
serait compromettre les intérêts mêmes du pays.

Mais il serait possible néanmoins de réaliser quelques
économies. On pourrait, toutes les fois que la défense
nationale ne serait pas en jeu, réduire la largeur de
certaines routes qui n'ont qu'un trafic restreint. La proposition a été faite et beaucoup de bons esprits s'y sont

ralliés. Mais bien entendu on n'opérerait cette réforme
que sur quelques points et avec l'assentiment du Conseil
supérieur de la guerre ; et ce procédé a pour lui le mérite
de respecter les droits de l'État sur le domaine public
national.

Nous concluons donc avec énergie contre tous les
projets de déclassement des routes nationales, et nous
espérons que l'on aura ainsi la sagesse de conserver
dans l'avenir ce beau domaine public, œuvre lente de
plusieurs siècles.

Vu :

Le Président de la thèse,
TH. DUCROCQ.

Vu :

Le Doyen,
E. GARSONNET.

Vu et permis d'imprimer :

Le Vice-Recteur de l'Académie de Paris,
GRÉARD.

TABLE DES MATIERES

                                                    Pages.

INTRODUCTION 1

PREMIÈRE PARTIE. — **Le passé. Origines lointaines des grandes routes en France.** 5

CHAPITRE I. — *Les voies romaines.* 5

CHAPITRE II. — *La poste et les grands chemins.* 10

DEUXIÈME PARTIE. — **Le présent** 37

CHAPITRE I. — *Ouverture des routes nationales.* 40

    Dommages 49

    Occupation temporaire et extraction de matériaux. . . 54

    Plus-value. 59

CHAPITRE II. — *Administration des routes nationales. Droits et charges de l'État* 63

    Section I. — Droits de l'administration. — Concessions précaires et révocables *ad nutum* 64

    Concessions en vue d'assurer un service public. . . . 67

    De l'alignement. 71

    Plans généraux d'alignement. — Formalités. — Compétence. — Effets 77

    Effets des plans généraux d'alignement. 80

    Dans quelles conditions des terrains non bâtis peuvent-ils être incorporés à la route ? 81

    Service de reculement. 84

    Alignement individuel. 87

    Autorité compétente pour délivrer l'alignement. — Formes. 90

    Voies de recours. 91

    Des édifices menaçant ruine. 96

    Accessoires des routes. — Fossés 98

Plantations d'arbres sur le bord des grandes routes. . 102
Propriété des arbres plantés. 104
Servitude d'essartement. 107
Excavations près des routes : caves, puits, carrières. . 110
Répression des contraventions de grande voirie. . . . 111
Poursuites devant les tribunaux administratifs. 112
Prescription 116
Section II. — Nature des droits des riverains. 121
Section III. — Charges. 126

Chapitre III. — *Déclassement d'une route nationale.* 131

TROISIÈME PARTIE.

Chapitre I. — *Projets de déclassement actuellement soumis
au Parlement* 135

Chapitre II. 165

Conclusion. 179

Imp. G. Saint-Aubin et Thevenot. — J. Thevenot, successeur, Saint-Dizier (Haute-Marne).